초등 방학공부 처방전

'공부 잘하는 아이'로 키우는 방학 공부법의 모든 것

이서윤의

초등 방학공부 처방전

이서윤 지음

글담출판

초대장

대상

방학이 오는 게 무섭다는 부모님

방학이 되면 학원비만 더 든다는 부모님

어영부영하다 보면 개학이라는 부모님

방학 때마다 아이와 전쟁을 치르는 부모님

방학을 기회로 삼고 싶은 부모님

일시

방학을 앞둔 때

새 학기 시작할 때 늦었다고 생각할 때

아이의 공부로 인해 고민하고 있을 때

장소

교사들의 노하우가 담긴 350여 쪽의 활자 운동장

내용

방학은 학기 중엔 불가능한 절호의 성장 기회입니다.

이 시기를 이용한 초특급 학년별 공부법을 소개합니다.

공부를 잘하는 아이들은 공부 그릇이 크다. 만약 아이가 머리도 좋고 공부도 열심히 하는데 긴장하여 시험을 망치는 경우가 잦다면 공부 그릇의 크기를 의심해 봐야 한다.

학령기인 초, 중, 고 12년 중 절반이 초등학교 시절이다. 내가 항상 강조하는 말이 있다. 초등학교 6년은 공부 그릇을 만드는 시기이고 나머지 중고등학교 6년은 그 그릇을 채우는 시기라고. 그 공부 그릇은 다음의 요소들로 크기가 결정된다.

공부 그릇 = 자존감 + 이해력 + 기억력 + 공부 습관
+ 감정 및 행동 조절력 + 자기 주도 학습 능력

학년이 올라간다고 해서, 학원에 다닌다고 해서 스스로 공부할 수 있게 되는 것은 아니다. 아이가 공부를 잘할 수 있도록 공부 그릇을 단단하고 크게 만들어 줘야 한다. 이는 부모의 역할이다. 처음부터 알아서 잘하는 아이는 없다. 어린아이를 떠올려 보면 이해가 쉬울 것이다. 밥 먹는 법부터 옷 입는 법, 인사하는 법까지 하나하나 가르치고 연습시켰다. 공부 역시 마찬가지이다. 공부에 필요한 능력을 쌓아 주고 공부하는 방법을 가르쳐 토대를 만들어 줘야 한다. 물론 여기에도 요령이 있다. 이를 돕기 위해 나는 블로그를 만들어 인터넷상에서 퍼지고 있는 잘못된 '카더라' 교육 통신은 바로잡고, 올바른 교육 정보를 올리고 있다.

블로그와 유튜브를 통해 종종 상담 메일과 쪽지가 오는데, 이를 통해 부모님들이 주로 어떤 시기에 어떤 고민을 하고 있는지 가늠하곤 한다. 또 강연을 다니며 만난 다양한 부모님들과 소통하면서 그들의 관심과 고민을 더욱 깊이 알게 되었다. 그리고 그 고민의 시기와 내용이 신기하게도 참 비슷하다는 사실을 깨달았다.

즉 대한민국 학부모라면 누구나 하게 되는 고민, 누구나 겪는 불안한 시기가 있다는 것이다. 그러한 고민 중 하나가 '방학을 어떻게 보내야 하는가?'이다. 이 질문은 많은 것들을 포함하고 있다. 왜냐하면 방학은 새 학기와 새 학년을 준비하는 시기이므로 방학을 어떻게 보내야 하는가는 '각 학년에서 무엇이 중요한가'와 같은 고민이라고 볼 수 있기 때문이다.

초등학교에 입학하고 졸업할 때까지 아이는 열두 번의 방학을 보내게 된다. 학기 중에 아무리 부모가 신경을 쓴다고 해도 놓치는 부분이 생기기 마련이다. 방학은 평소 부모가 놓치고 있던 부분은 채워 주고, 아이의 약한 부분은 보충해 주어 다음 학기의 공부 자신감을 키워 줄 절호의 기회이다. 그러나 준비 없이 맞이하면 한 달이나 되는 시간을 허무하게 보내기 쉽다. 잘 놀지도, 실력을 다지지도 못한 채 새 학기, 새 학년을 맞이해야 한다.

학기 중에는 방학처럼 긴 자유 시간을 가질 수 없다. 그만큼 어떻게 보내느냐에 따라 방학을 활용해 눈부신 성장을 꾀할 수 있다. 방학 때는 좀 쉬어야지 하고 생각할 수도 있다. 방학 때 공부를 잡아 줘야 한다고 해서 하루 종일 공부만 시켜야 하는 건 아니다. 어차피 방과 후 교실, 학원을 보내고 학습지를 하고 체험 학습을 갈 거라면, 제대로 아이에게 필요한 것을 가르쳐 주자는 것이다. 여기에서 더 나아가 다음 학년 공부를 무사히 받아들일 수 있도록, 자기 학년 내용 중 놓친 것은 없는지, 다음 학년에서 미리 알고 가면 좋은 것은 무엇인지 알아보자는 것이다.

　예상치 못하게 온라인 학습을 꽤 오래 하게 되면서 우리 아이들은 온라인으로 학교를 다니게 된 첫 세대가 되었다. 그 과정에서 가정의 역할은 더 늘어났고, 하루하루가 방학의 연장선인 것 같은 애매모호한 시간을 보내게 되었다. 그러나 이것은 시작에 불과하다. 앞으로는 내가 있는 곳이 바로 학교이고, 내 아이에게 맞는 맞춤형 교육 과정을 부모와 아이가 만들며 속도와 방향을 조절해야 한다. 내 아이의 교육 과정에 맞는 수업, 교재, 경험 등의 환경 설계를 직접 해야 한다는 뜻이다. 부담감이 상당할 것을 알기에 부모님들의 부담을 조금이나마 덜어 주기 위해 구체적인 방법을, 다양한 통로로 안내하려는 것이다.

　『초등 방학 공부 처방전』은 학년별 전문 초등 교사들의 생각과 나의 개인적인 연구 및 경험을 더해 공부의 방향을 안내하고, 그것을 실천하기 위한 실질적인 방법을 정리해 놓은 책이다. 맡았던 학년을 계속 맡으면 이 시기 아이들의 특성에 익숙해지는 데다 교육 과정 연구를 반복하여 그 학년의 전문 교사가 된다. 이 책은 그런 베테랑 교사들의 도움을 많이 받았다. 덕분에 아이의 학년별 교과 공부에 직접적인 도움을 줄 수 있는 방학 공부법을 담을 수 있었다. 더불어 겨울 방학, 여름 방학으로 방학 활용법을 나눠 소개함으로써, 시기상 중요한 것들을 놓치지 않도록 하였다. 이는 방학 때마다 부모들이 가졌던 부담과 고민을 조금이나 덜어 주는 한편, 초등 교육 6년의 로드맵이 되어 줄 것이다.

특별히 교육 과정에 맞추어 변한 것들, 그동안 보태어진 개인적인 연구 경험들도 함께 정리하여 개정판으로 독자 여러분들을 만나게 되었다. 내 아이의 교육 과정을 만들어 가는 데에 이 책이 도움이 되기를 바란다. 아이의 공부 그릇을 만들어 갈 초등 6년의 방학, 그 사용법을 알려 주는 콘서트에 여러분을 초대한다.

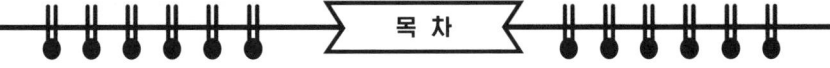

목 차

PART1 방학을 잘 보내야만 하는 이유

PART2 방학 때마다 부모들이 하는 고민 7가지

PART3 **최고의 교사들이 알려 주는
1학년 방학 공부법 : 생활 습관, 읽기 독립**

PART4 **최고의 교사들이 알려 주는
2학년 방학 공부법 : 공부 습관, 수학**

PART5 최고의 교사들이 알려 주는
3학년 방학 공부법: 사회, 과학

PART6 최고의 교사들이 알려 주는
4학년 방학 공부법: 공부 자존감

PART7 최고의 교사들이 알려 주는
5학년 방학 공부법 : 진로 교육, 역사

PART8 최고의 교사들이 알려 주는
6학년 방학 공부법 : 영어, 수학, 독서

PART9 최고의 교사들이 제안하는 7가지 방학 원칙

PART1

방학을 잘 보내야만 하는 이유

방학을 잘 보내고 온
아이는 다르다

"어? 저 그거 방학 때 책에서 봤어요!"

"그거, 아빠랑 같이 본 EBS 강의에서 나온 내용이에요!"

개학 후 평소 수업 시간에 조용하던 아이가 말이 많아졌다. 자신감이 생겼다는 뜻이다. 방학 동안 무슨 일이 있었던 걸까?

학기 중의 아이들은 어른 못지않게 피곤하고 힘들다. 어른의 입장으로 보면 초등학생의 걱정거리나 삶의 무게는 아무것도 아닌 것 같다. 하지만 초등학생이 감당할 수 있는 의무와 책임의 양으로 생각해 보면 그들도 그들 나름대로 힘겨운 하루를 보내고 있다.

매일 아침 학교에 가서 선생님, 친구들과 쉽지 않은 인간관계를 경험하며 공부를 한다. 그러고는 방과 후 교실이나 학원에 간다. 저녁에는 학습지 선생님과 수업을 마치고 학교 숙제와 학원 숙제를 해야 한다. 부모의 잔소리도 견뎌야 한다. 게다가 때때로 체험 학습까지. 아이들의 하루는 이렇듯 대단히 숨 가쁘다. 이런 나날을 보내다 보면 어느새 한 학기가 지나 있다.

아이가 학기 중에 무언가 다른 일을 한다는 것은 불가능에 가깝다. 고정적인 일정을 잘 소화해 내는 것만으로도 훌륭하다. 그래서 방학이 중요하다. 방학이 다가오면 교실은 활기를 띤다. 꼬박꼬박 학교로 출근하는 아이들에게 주어진 한 달 남짓의 휴식! 얼마나 신나는 일인가?

아이들에게 방학 때 무엇을 하고 싶으냐고 물으면 단연 "쉬고 싶어요!" "하루 종일 게임만 하고 싶어요!"라는 답이 제일 먼저 튀어나온다. 평소에 하지 못했던 것을 마음껏 누리고 싶은 것이다. 그런데 막상 방학이 끝난 뒤 아이들에게 어땠냐고 물으면 "지루했어요." "차라리 학교에 나오는 게 나을 뻔했어요."라고 대답하는 아이가 의외로 많다. 늘 다니던 학원에 다니고, 가족 여행 한 번 다녀오면 방학이 끝나기 때문이다. 아무 준비 없이, 생각 없이 방학을 맞으면 이처럼 의미 없이 지나가게 된다.

하지만 방학을 잘 보내고 온 아이는 어떨까? 이런 아이들은 방학 때 노는 것도 으뜸이다. 가족 여행을 가도 그냥 가는 법이 없다. 여행 가기 전 관련된 책을 읽고, 지도를 보며 부모와 함께 여행 계획을 세운다. 다녀와서는 짧게나마 여행 보고서도 작성한다.

어떤 아이들은 방학 때 독서록만 열 편 넘게 썼다며 얼굴에 빛을 내며 자랑하기도 한다. 또 영어책을 열 권 읽었다는 아이, 역사책을 읽고 정리해 봤다는 아이, 수학 문제집을 다시 풀어 봤다는 아이, 평소 좋아하던 캐릭터를 그리다가 자신만의 캐릭터를 만들어 봤다는 아이 등 방학을 나름대로 의미 있게 보내고 온 아이들은 내공부터 달라진 느낌이 난다. 실제로 취약했던 연산을 열심히 연습한 아이는 개학 후 갑자기 연산이 능숙해져 수학 점수가 가파르게 오른다. 미리 다음 학기에 배울 내용을 책으로 접하고 온 아이는 연신 아는 체를 하는 만큼 자신감이 커져 학습에도 적극적이다.

방학의 하루는 학기 중의 3일과 같다

하루 중에 아이들이 스스로 보낼 수 있는 시간은 얼마나 될까? 여기서 스스로 보내는 시간이란 일상생활을 위해 필요한 기초 시간과 학교나 학원에서 타율적으로 보내는 시간 이외의 시간을 의미한다. 자기 주도적으로 보낼 수 있는 여가 시간인 셈이다. 학기 중 초등학생의 하루 평균 자유 시간은 2~3시간 정도이다. 사실 이 시간도 안 나올 때가 더 많다.

그렇다면 방학은 어떨까? 학원에 다닌다고 해도, 최소 6시간은 나만의 시간을 갖게 된다. 즉 방학의 하루는 학기 중의 3일과 같고, 방학 한 달은 학기 중의 세 달과 같다. 방학이 짧아 아무것도 할 수 없었다고 말한다면 엄청난 시간을 낭비한 것이다. 1년에 두 번, 적어도 두 달이 넘는 시간을 어떻게 채우느냐에 따라 아이의 초등 생활과 성적이 달라질 수도 있다.

하지만 자기 스스로 무언가를 계획하고 실천해 본 적이 없는 아이는 이렇게 많은 시간 앞에서 잠시의 환호만 있을 뿐, 무엇을 어떻게 해야 할지 모른다. 그저 엄마가 시키는 대로 학원에 가고, 남은 시간엔 컴퓨터를 하거나 스마트폰을 하며 그냥 흘려보낸다. 부모가 이런 아이들을 도와주어야 한다.

방학은 프로젝트이다

그렇다면 어떻게 도와주어야 할까? 수학, 영어, 사회, 과학은 당연히 해야 하고, 독서와 피아노, 한자, 신문 스크랩도 좋다고 한다. 독해력과 어휘력도 부족하니 문제집을 풀리고 싶다. 코딩도 배워야 하는데 아이는 발레를 배우고 싶다고 한다. 요즘 초등학생들은 해야 할 일이 너무도 많다. 하지만 매일 그 많은 걸 다 할 수도 없거니와 할 필요도 없다. 매일 해야만 하는 것도 있지만 일정 기간만 집중해서 연습하고 공부하면 되는 것도 있기 때문이다. 방학 때는 그런 것을 하는 것이 좋다. 평소에는 바빠서 못 했지만 방학이니까 해 보면 좋은 것들 말이다. 예를 들면 다음과 같은 것들이다.

학년	방학에 하면 좋을 활동
1~2학년	• 기초 한자 쓰기 • 책 읽고 주인공에게 편지 세 편 쓰기 • 줄넘기 연습하기 • 한글 타자 연습하기 • 일기 쓰기
3~4학년	• 기초 한자 쓰기 • 영어 단어 그림 사전 만들기 • 어휘력 공책 만들기 • 신문 읽기 • 어려운 고전 읽기 • 책 읽고 PPT로 독서록 쓰기 • 리코더 연습하기
5~6학년	• 영어 일기 쓰기 • 신문 읽기 • 어려운 고전 읽기 • 코딩하기 • 나만의 콘텐츠 만들기 • 역사 연표 만들기 • 역사책 읽고 역사 인물 사전 만들기 • 영어 문법 정리하기

혼공 시대의 핵심,
자기 주도 학습 능력을 길러야 한다

최근 온라인 개학, 온라인 학습 등 '온라인'이 붙은 말들이 사람들 입에 많이 오르내린다. 온라인으로 학교에 다니는 세상이 올 줄은 알았지만 이렇게 갑작스레 앞당겨질 것이라고는 아무도 생각지 못했다. 하지만 역사적으로도 그래 왔듯 우리는 상황에 맞게 대응하며 살아간다. 코로나바이러스감염증-19가 발생하고 난 이후 온라인 학습 중심으로 교육 환경이 변화하면서 원래도 주목받고 있던 '자기 주도 학습'이 더 두각을 나타내게 되었다. 엄마들이 학교와 학원을 못 가는 아이들 옆에 붙어서 공부하는 과정을 나노 단위로 관찰하게 되면서 그동안 몰랐던 (어쩌면 알았지만 그냥 넘기고 싶었던) 사실들을 알아채기 시작했다. 그중 하나는 이것이다.

"우리 아이가 자기 주도 학습 능력이 부족하구나."

자기 주도 학습이란 무엇인가

　　자기 주도 학습의 정의는 다양하지만 핵심은 자신이 학습에 주도권을 갖는 것이다. 자기 주도 학습에는 여러 가지 요소가 들어가 있는데 첫째는 동기 조절이다. 공부를 하고자 하는 마음을 갖고 내가 공부를 잘할 수 있을 것이라는 자기 효능감을 갖는 것을 의미한다. 둘째는 인지 조절이다. 학습 내용을 잘 기억하고 이해하기 위해 앞 글자를 따서 외운다거나 그림을 그려서 이미지화하는 것처럼 인지 전략을 사용하는 것과 공부하는 과정에서 내가 얼마나 알고 있는지, 모르는 것을 해결하기 위해 어떻게 해야 하는지 메타 인지 전략을 세울 수 있는 것을 의미한다. 셋째는 행동 조절이다. 학습 계획을 실천하기 위해 시간을 조절하고 관리하는 것을 의미한다. 오늘 게임을 좀 덜하겠다, 공부방을 정리하겠다, 잘 모르는 문제나 학습 전략을 위해 도움을 요청해야겠다 하는 것처럼 행동을 통제하는 것이다.

　　즉, 자기 주도 학습은 엄마가 시키지 않아도 스스로 공부하고

◆ 자기 주도 학습의 요소

동기 조절	인지 조절	행동 조절
학습 동기	기억 방법	시간 관리
자기 효능감	학습 전략	도움 요청

자 하는 마음을 다지고, 공부에 필요한 것을 찾고, 관리하며 실천해 나가는 것이다.

온라인 수업을 시작하고 얼마 후, 아이들이 교실로 돌아왔을 때 나 역시 모두가 걱정하는 것처럼 학업 격차를 걱정할 수밖에 없었다. 잘하는 아이들은 여전히 잘했지만, 중위권 이하의 아이들은 학업 수준이 많이 떨어져 있었다.

누군가 함께하는 사람, 봐주는 사람 없이 화면만 보면서 혼자 공부를 해야 하니 내가 잘하고 있는 건지 피드백도 못 받고, 또래 친구들과 의견도 교환하지 못해 학습 동기가 더 생기지 않는다. 그나마 선생님 눈치라도 보면서 공부해 왔던 아이들, 친구들이 공부하는 모습으로 조금이나마 학습 동기를 제공받았던 아이들이 모두 무너졌다.

하지만 스스로 자신의 공부를 조절하고 시간을 관리하며 자기 주도적으로 공부를 해 왔던 아이들은 온라인 수업을 하나, 오프라인 수업을 하나 상황에 상관없이 착실하게 공부를 해 나갔다. 실제로 자기 주도성이 원격 수업 만족도에 미치는 영향을 조사하는 연구에 따르면 자기 주도성 수준이 높아질수록 어떠한 상황에서 공부하든지 학습 만족도가 높아지는 경향이 발견되었다고 한다. 그리고 이는 반대로 해석하면 자기 주도성 수준이 낮아질수록 자신이 처한 상황에 따라 학습 만족도가 영향을 받는다는 것이다(김미진, 2020).

혼자 공부하는 것, 즉 자기 주도 학습은 쉬운 일이 아니다. 초등 6년 내내 훈련해도 될까 말까다. 하지만 반드시 필요하다. 단순히 원격 수업만을 위해서가 아니다. 멀리 보면 자기 삶의 통제를 위해서이고, 가까이 보면 입시 공부를 위해 초등 시절부터 배우고 훈련해야 할 기술이다.

시대의 흐름상 자기 주도 학습은 갈수록 더 중요해지고 있지만, 원래도 방학에는 중요했다. 나 혼자 보내는 시간, 내가 만들어야 하는 시간이 많을 때 자기 주도 학습 능력이 있는 아이와 그렇지 않은 아이는 격차가 벌어지게 되어 있다. 방학 계획을 세우는 것이나 매일매일의 계획을 세우는 것은 스스로 공부할 목표를 세우고, 분량을 정하고, 부족한 부분을 어떻게 메울지 전략을 세우는 자기 주도 학습과 밀접하게 연관되어 있다. 학기 중에는 꽉 짜인 시간표에 따라 주어진 과제만 하기에도 벅찼다면, 조금이나마 여유가 있는 방학을 이용해 자기 주도 학습 방법을 연습해 보고 다음 학기를 준비할 기회로 삼자.

학교나 학원에서는 절대 가르칠 수 없는
최상위권 아이들의 능력

'학군, 배울 학(學)에 무리 군(群). 배우는 무리'

부모 마음은 모두 같을 것이다. 보다 좋은 학군에서 공부시키고 싶고, 다른 학군의 아이들은 어떨까 궁금하고 조바심이 난다. 지금까지 나는 여러 다른 학군에서 근무해 왔다. 학교마다 분위기, 학업 성취도, 가정 환경 등이 다르니 강조되는 것도 달랐다. 그중 한 학교는 흔히 말하는 '평범한 학군'이었다. 대부분의 학부모가 맞벌이로 아파트에 살며 주말이면 가끔 여행을 가는 그런 곳이었다. 또 다른 한 학교는 가정 형편이 어려운 학생들이 많은 곳이었다. 학교에서 주는 복지 혜택을 받아야 하는 학생들이 많았으며, 학습 부진아도 많았다. 이 외에도 다문화 학생들이 많은 학교, 시골에 위치해 문화적 혜택이 적었던 학교도 있었다. 이처럼 다양한 학군을 경험하면서 느낀 것이 있다.

1. 아무리 학군이 달라도, 초등학생은 초등학생이다.
2. 아무리 학군이 달라도, 잘하는 아이들은 어디서나 잘한다.
3. 그럼에도 전체적인 면학 분위기가 미치는 영향은 크다.
4. 학군마다 제공받는 문화적 경험은 상당히 다르며, 이는 자본의 문제이다.

학군마다 문화적 혜택, 면학 분위기가 다른 것은 어쩔 수 없는 현실이다. 우리는 '학군이 달라도 어디서나 잘하는 아이'에게 집중해야 한다. 이런 아이들에는 두 가지 공통점이 있다. 첫째는 학원의 도움 없이 혼자서 공부하는 방법을 안다는 것이고, 둘째는 책을 많이 읽는다는 것이다. 과거 수능 만점 학생들의 단골 멘트였던 "교과서만 보고 공부했어요."라는 호랑이 담배 피우던 시절의 비법이 아직도 통한다는 것이다.

지연이라는 아이가 있었다. 할머니, 아버지와 함께 살았는데 형편이 어려워 기초 생활 수급자였다. 상담 때 할머니는 지연이가 어릴 적에 엄마가 집을 나갔다고 말씀하시며 눈물을 훔쳤다. 다른 친구들처럼 학원에 다닐 형편이 아니었지만, 지연이는 우수한 성적을 자랑했다. 수업 시간엔 완벽하게 집중했고, 수첩에 그날그날 해야 할 일을 체크하면서 공부했다. 영어가 부족하자(경제적 차이가 가장 많이 드러나는 영역이 바로 영어 과목이다) 스스로 방과 후 원어민 교실을 신청했고, EBS 프로그램도 들으면서 노력했다. 책은 그런 지연이의 낙이었다. 분야를 막론하고 이런저런 책을 읽었다. 그래서인지 지연이는 성숙했고, 긍정적이었다. 학교에서 보는 시험은 거의 100점이었고, 글도 잘 썼다. 비록 가정 환경은 넉넉하지 못했지만, 지연이는 '스스로 공부하는 힘'이라는 엄청난 능력을 가지고 있었다.

★ ★ ★

수업 시간에 어떤 활동을 하든 민호의 과제 완성도는 항상 기대를 뛰어넘었다. 시험에서 100점을 받는 차원이 아니었다. 글을 쓰든 토론을 하든 민호는 유독 생각이 깊고 넓었다. 어느 날 나는 민호를 불러서 물어보았다.

"민호야, 너는 어떤 학원에 다니니?"

"딱히 다니는 건 없어요."

"그럼 영어 공부는 어떻게 해?"

"EBS 영어로 공부하고 영어 원서랑 오디오 들으면서 해요."

"수학은?"

"집에서 풀면 아빠가 봐주세요."

"선생님, 현지는 민호 따라서 EBS를 본대요."

"좋은 건 따라 해야지."

공부 잘하는 친구들마저 상위권 중에서도 상위권인 민호를 동경하여 따라 하고 있었다. 나는 좋은 롤 모델이 되어 주고 있는 민호가 고맙기까지 했다.

부모의 경제력과 상관없다. 학원발도 아니다. 자기 힘으로 공부하는 능력, 즉 자기 주도 학습 능력이야말로 최상위권 아이들의 핵심 능력인 것이다. 지연이와 민호도 처음부터 혼자서 척척 잘해내지는 못했을 것이다. 그래서 자기 주도 학습 능력을 갖출 수 있을 때까지는 곁에 있는 어른들의 관심이 큰 역할을 한다.

자기 주도 학습을 연습하는 첫 단계

자기 주도 학습의 단계는 '계획 - 공부 - 피드백'이라고 할 수 있다. 첫째, 스스로 학습 계획을 세운다. 둘째, 공부를 한다. 셋째, 공부한 것 중에서 내가 부족한 부분을 알아차린다. 넷째, 부족한 부분을 보완하기 위해 다시 계획을 세운다. 다섯째, 계획한 것을 다시 공부한다. 즉 계획 - 공부 - 피드백 - 계획 - 공부 - 피드백, 이 과정이 계속 반복되어야 한다. '아, 내가 어제 어떤 공부를 했는데 이런 부분이 어려웠어. 공부를 더 해야겠어.' '책상이 지저분하니 집중이 잘 안 되는 것 같아.' '이 부분은 선생님께 더 여쭤봐야겠어.' '여긴 중요하니까 꼼꼼하게 외워야겠다.' 하고 부족한 부분을 염두에 두고 다시 계획을 세워 공부해야 한다.

이 과정 중에서 가장 어려운 것은 무엇일까? 바로 피드백 과정이다. 내가 어떤 점이 부족하고, 무엇을 모르는지 아는 것이 가장 어렵기 때문이다.

자기 주도 학습 능력을 기르는 데 필요한 것

23년 경력의 한순옥 선생님은 자기 주도 학습의 핵심은 '계획과 실천'이라고 말한다. 부모와 함께 방학 계획을 세우고, 그것을 잘 지키기 위해 다양한 방법들을 고민하고 실천하는 것은 '성실성'과 '집중력'의 문제이다. 이는 저학년이든 고학년이든 힘든 일이다. 하지만 이것 역시 하다 보면 가능해진다.

28년 경력의 지은영 선생님은 방학 때마다 학생들에게 내는 과제가 있다고 한다. 바로 '40분씩 앉아서 공부하기'이다.

"초등학교 수업 시간은 40분이에요. 40분간 앉아서 집중하는 것은 쉬운 일이 아니에요. 특히나 요즘은 스마트폰 때문에 10분도 집중하기 힘들어하는 아이들이 많아요. 5학년은 50분, 6학년은 60분, 점점 앉아 있는 시간을 늘리면서 자학자습하는 습관을 길러야 해요. 저학년은 부모의 보살핌으로 공부가 가능해요. 하지만 고학년으로 갈수록 한계가 있어요. 자율적으로 계획을 짜서 실천할 수 있어야 해요. 물론 스스로 발전 의지가 있어야 하죠."

내가 만나 본 선생님들은 모두 계획을 지키는 성실성과 엉덩이의 힘 그리고 집중력을 자기 주도 학습 능력의 바탕으로 꼽았다. 지금부터라도 스마트폰과 TV에서 벗어나 의자에 앉아 있는 시간을 늘리는 건 어떨까.

26년 경력의 김미숙 선생님은 아이를 북돋아 주고 인정해 줄 때 스스로 공부하는 자기 주도성을 가질 수 있다고 강조한다. 아이는 부모와 함께 공부하며 인정받을 때, 공부하고자 하는 의지가 생긴다. 학원에 보낸다고 손 놓고 있는 게 아니라 옆에서 끊임없이 관심을 가지고 체크해야 한다는 말이다.

아이가 혼자 공부할 수 있을 때까지 함께 계획을 세우고, 세운 계획을 실천했는지 확인하고, 문제집을 들여다보고, 책상에 앉아 함께 공부하는 부모의 역할이 필요하다.

상위권과 하위권의 결정적 차이

아이들을 공부시키기 위해 나는 다음과 같은 방법을 쓰고 있다. 시험지를 미리 나눠 주고 공부 시간을 준 후, 똑같은 문제로 시험을 본다. 물론 지금 나눠 준 시험지와 같은 문제로 시험 볼 것이라는 말도 잊지 않는다. 그런데 그렇게 시험을 봐도 실력을 구분할 수 있을까? 신기하게도 똑같은 문제로 시험으로 내도 시험 문제를 공개하지 않고 볼 때와 거의 비슷하게 상위권, 중위권, 하위권이 나뉜다. 단지 차이점은 최상위권과 상위권이 나뉘지 않는다는 것뿐이다.

'공부를 좀 하는' 아이들은 시험 범위만 알려 줘도, 무엇이 중요한 내용인지, 어떤 부분을 공부해야 하는지, 이를 어떻게 응용할 수 있는지까지 고려한다. 하지만 이는 소수의 아이들로, 무엇을 공부해야 할지 몰라 막막해하는 아이가 더 많다. 그런 아이들에게 '이것만이라도' 공부하게 하여 머릿속에 남겨 주고 성취감을 느끼게 해 주고 싶어서 이런 시험을 보고 있다.

나눠 준 시험지만 공부하면 되지만, 신기하게도 아이들이 공부하는 모습은 제각각이다.

A학생 : 시험지를 보고 답을 찾고, 답이 맞는지 확인한다. ⇨ 모르거나 헷갈린 문제에 표시한다. ⇨ 다시 공부한다. ⇨

답을 가리고 풀어 본다. ⇨ 모르는 부분을 집중적으로 공부한다.

B학생 : 시험지를 보고 답을 찾고, 답이 맞는지 확인한다. ⇨ 모르거나 헷갈린 문제에 표시한다. ⇨ 다시 시험지를 '눈으로' 확인하며 공부한다.

C학생 : 시험지를 보고 답을 찾고, 답이 맞는지 확인한다. ⇨ 시험지를 눈으로 본다.

A학생은 자신이 아는 내용과 모르는 내용을 구분하고 끊임없이 확인하며 모르는 것을 채울 줄 안다. 그 과정에서 이해가 안 되는 부분은 선생님이나 친구에게 다시 물어보기도 하고, 다른 교재를 찾아보기도 한다. 자신이 진짜로 아는 것인지, 눈으로 몇 번 봐서 안다고 착각하는 것인지 구분하기 위해 답을 가리고 다시 공부하는 과정을 반복하면서 확인할 줄 안다.

B학생은 자신이 잘 모르는 부분을 구분해 내는 것까지는 가능하나 부족한 부분을 보완하지는 못한다. 이 아이는 옆에서 누군가가 답을 가리고 다시 시험 보게 한 후, 정확하게 모르는 부분을 짚어 주고 다시 공부하게 해 주는 일련의 과정을 대신해 주면 성적이 훨씬 향상될 것이다. C학생은 그냥 공부하는 흉내만 내고 있다.

A학생이 B, C학생과 다른 점은 무엇일까? A학생은 자신이 알고 있는 것과 모르는 것을 구분해서 부족한 부분을 메꾸어 가는 능력을 가지고 있다. 다시 말하면 '메타 인지 능력'을 가지고 있다.

몇 년 전 EBS에서 「0.1%의 비밀」이라는 프로그램을 방영하였다. 전국 석차가 0.1퍼센트 안에 들어가는 800명의 학생과 평범한 700명의 학생을 비교하여 두 그룹 간에 어떠한 차이가 있는지를 비교 분석한 방송이었다. 여러 모로 조사해 보니 두 그룹 간에 IQ, 부모의 경제력 및 학력 등은 별반 다를 것이 없었다. 그렇다면 무엇이 이 엄청난 차이를 만들어 내는 것일까?

알고 보니 상위 0.1퍼센트의 아이들은 자신의 상태와 부족한 부분을 알고 그를 보완하기 위해 전략을 세우는 능력이 뛰어났다. 이렇게 스스로 보완하는 전략을 세우는 능력이 바로 메타 인지 능력이다.

많은 학생이 알고 있다고 생각하는 것과 실제 알고 있는 것이 다를 수 있다는 사실을 모른다. 그래서 교과서를 쭉 훑어보고 '음, 이해했어. 됐어.' 하며 넘어간다. 공부를 못하는 학생일수록 이해했다고 생각하는 내용에 대해 제대로 설명하지 못하는 경우가 많다. 실제 알고 있는 것과 알고 있다고 생각하는 것은 완전히 다르다.

메타 인지 능력은 크게 두 가지로 구분할 수 있다. 첫째는 '메타 인지적 지식(metacognitive knowledge)'이다. 이는 지금까지 반복해서 말한, 무언가를 배우거나 실행할 때 내가 아는 것과 모르는 것을 정확히 파악할 수 있는 능력이다. 둘째는 '메타 인지적 기술 (metacognitive skill)'이다. 이는 메타 인지적 지식에 기초하여 발휘되는 것으로, 잘 모르는 부분을 집중적으로 볼지 아니면 여러 차례에 걸쳐 반복할지, 부족한 부분을 보완하기 위해 전략을 짜는 능력이다.

메타 인지 능력 향상법 '선생님 놀이'

아이의 부족한 부분을 찾아내어 보완할 수 있는 최상의 시기인 방학을 이용해 메타 인지 능력을 길러 줄 수 있다. 가장 권하고 싶은 건 '선생님 놀이'이다. 아이가 공부한 내용을 제대로 이해하고 자기 것으로 만들었는지 확인하는 가장 쉽고도 정확한 방법이다. 방학 때 부담 없이 놀이처럼 해 볼 수 있다. 조금 더 본격적으로 해 보고 싶다면, 아래의 방법들을 참조하면 더욱 도움이 될 것이다. 이 방법들은 실제 반 아이들과 하고 있는 것들이다.

① 설명하기 : 자신이 푼 문제를 친구에게 설명하게 한다. 매끄럽게 이어서 설명하지 못하는 부분이 있다면 다시 공부하게 한다. 또 문제집을 풀어 채점한 뒤 무엇을 몰라서 틀렸는지 서로 설명하게 한다.
② 요약하기 : 공부한 내용을 요약해서 서너 줄로 쓰게 한다.
③ 핵심 단어 쓰기 : 공부한 내용의 핵심 단어를 쓰게 한다.

④ 마인드맵 그리기 : 공부한 내용을 마인드맵으로 그리거나 핵심 내용을 그림으로 그리게 한다.

⑤ 문제 내기 : 자신이 선생님이 되었다고 생각하고 가장 중요한 내용을 문제로 내게 한다.

이 방법들은 독후 활동에도 적용할 수 있다. 먼저 아이와 함께 책을 읽는다. 그런 뒤 서로 책 내용을 설명하기, 책을 읽고 생각나는 단어를 말하기, 책의 내용을 그림으로 그리기, 독서 퀴즈 만들기 등의 활동을 하여 아이가 책을 잘 읽었는지 확인할 수 있다.

읽은 것을 출력해 내는 행위는 단순히 글을 읽는 행위와 비할 수 없이 에너지가 소비된다. 분명 다 읽고, 다 이해한 것 같은데 설명하려고 하면 기억이 잘 나지 않고 말로 설명하기가 어렵다. 이는 대단히 귀찮고 힘든 과정이다. 그래서 몇 번 하다가 잘 안 되면 포기하고, 그냥 문제집 풀이로 돌아가고 만다. 아이는 이 힘들고 답답한 과정을 참아 내어 자신이 아는 것과 모르는 것을 명확하게 찾아낼 수 있어야 한다. 자신에게 부족한 게 무엇인지, 이를 해결하기 위해 어떤 문제집을 풀지, 어떻게 공부할지 등 전략과 계획을 세울 수 있어야 한다.

이 방법들을 이용해 방학 동안 책을 읽으면서, 전 학기에 배운 내용을 복습하면서, 혹은 다음 학기에 배울 내용을 예습하면서 메타 인지 능력을 길러 보자.

초등은 공부하는 방법을 배우는 시기

초등 교육에서 중요한 것은 공부 내용보다 공부하는 방법을 배우는 것이다. 공부하는 법을 깨우치고 나면 '어? 이거 할 만한데?' 하고 생각하게 된다. 그렇게 되면 어떤 공부든 할 수 있다.

아이들은 공부하라고 하면 학교 숙제나 학원 숙제를 한다. 그 숙제마저 없으면 무엇을, 어떻게 해야 할지 몰라 멀뚱거린다. 누군가가 내준 미션을 수동적으로 수행하는 '미션 클리어형 공부'만 했지, 자기에게 필요한 미션을 능동적으로 만들어 내는 '미션 메이커형 공부'를 해 본 적이 없기 때문이다.

자기 주도 학습 능력은 아이가 가진 공부 그릇의 크기를 결정하는 가장 중요한 요소이다. 한 달간의 방학을 활용해 매일 조금씩 집중 시간을 늘리는 연습과 스스로 계획하고 실천하는 훈련을 해 보자.

온라인 수업과 혼돈의 방학, 엄마표 학습이 정답일까?

아이가 혼자 공부할 수 있을 때까지는 부모의 역할이 중요하다. 이런 이유로 자기 주도성이 부족한 아이를 돕기 위해 엄마표 학습을 하는 경우도 있지만 그 외에도 여러 이유로 엄마들이 아이의 공부 과정에 개입한다. 엄마의 노동력으로 가정의 경제적 비용을 줄이려는 이유, 우리 아이의 공부는 내 손으로 시키겠다는 생각, 공부가 조금 더 어려워지면 그때 사교육의 도움을 받겠다는 생각, 온라인 수업이 실시되며 수업 현장이 집으로 바뀐 교육 환경 등 다양한 이유로 많은 엄마가 아이의 학습을 온전히 봐준다.

엄마표 학습을 하기 어려운 경우도 많다. 엄마와 아이의 성격이 맞지 않아 공부를 시키다가 관계가 오히려 안 좋아질 것 같아서, 맞벌이라 시간도 없고 체력도 부족해서, 엄마가 봐주다가 학습 수준이 너무 어려워져서, 아이가 학원에 가고 싶다고 해서 등 이유도 다양하다.

하지만 온전히 엄마표 학습을 하는 엄마와 그렇지 않은 엄마 모두 미안하고 불안한 것은 마찬가지이다. 엄마표 학습을 한다면 학원에 다니는 아이보다 부족하진 않은지, 언제쯤 사교육을 시켜야 하는지, 비싸고 좋은 학원에 못 보내 아이에게 피해가 가는 건 아닌지 미안하고 불안해진다. 반대로 엄마표 학습을 하지 않는다면 엄마가 뭐라도 봐줘야 하는데 학원에만 맡기고 있는 건 아닌지, 아이가 잘하고 있는 건지, 내는 돈만큼 효과는 보고 있는 건지 미안하고 불안해진다.

엄마표도, 학원표도 길어진 엄마표 학습 시간

온라인 개학을 하면서 원래부터 온전히 엄마표 학습을 진행하고 있던 가정은 물론, 그렇지 않던 가정도 엄마표 학습을 해야만 하는 상황이 되어 버렸다. 그러다 보니 우리 아이의 부족한 점이 더 눈에 들어오고, 어떻게 가르쳐야 할 것인가 더 많이 고민하게 되었다. 엄마들이 나서서 어떻게 공부를 시켜야 할 것인지 공부하고, 방향을 잡기 위해 정보를 찾고, 교육 방법을 연구해 가며 아이들의 학습 공백을 메우기 위한 종종걸음을 하고 있는 것이다. 안

그래도 부담스러운 엄마표 학습이 자의 + 타의로 필수가 되어 버리면서 엄마가 해 주어야 할 몫이 너무 많아져 버렸다.

온라인 수업처럼 어쩔 수 없이 챙겨야 하는 상황 말고, 평소에도 엄마표 학습은 필수일까? 모두가 엄마표 공부를 해야 한다고 말씀드리지는 않는다. 아이마다, 가정마다 상황이 다르기 때문이다. 그래서 엄마표 학습의 범위를 조금 넓게 볼 필요가 있다. 사실 학원을 보내도 학원에 다 맡기는 게 아니라 엄마가 해 줘야 하는 부분이 있지 않은가.

스스로 상세한 공부 계획과 목표를 세우고 학습을 한 후, 평가까지 하는 자기 주도 학습의 모든 단계를 집에서 해야만 엄마표 학습인 것은 아니다. 공부 단계에서 일부 사교육의 도움을 받을지라도, 계획 단계와 피드백 단계에서 함께했다면 엄마표 학습이다. 즉 엄마표 학습은 '엄마와 함께 공부한다.'에 한정된 것이 아니라, 계획을 함께 세우고, 집에서 하든 학원에서 하든 공부를 하고, 피드백하는 것을 도와주는 것까지 포함하는 것이다. 학원에 다니는 것은 계획 - 공부 - 피드백 과정 중에서 공부 과정의 일부를 학원에 맡기는 것뿐이다.

꼭 엄마가 모든 것을 해야 한다는 의무감을 갖지 않아도 된다. 학원에 보내고 손을 떼도 된다는 말이 아니다. 계획을 세우는 과정만큼은 함께해야 한다. 선생님과 공부를 했다 하더라도 엄마가 복습하고 확인하는 공부를 함께했다거나 공부 후에 계획을 얼마나 잘 실천했고, 공부를 얼마나 잘했는지 함께 피드백했다면 엄마표 학습을 하고 있는 것이다.

엄마표 학습의 범위를 넓혔다면, 엄마표 학습을 꼭 해야 하냐는 질문에 대한 답은 달라진다. 꼭 해야 한다. 공부를 어느 정도로 어떻게 하고 있는지 확인하고 계획을 세우는 것은 반드시 해야 한다. 따라서 기본적으로 공부를 어떻게 해 나가고, 교육 과정이 어떤 식으로 진행된다 정도는 알고 있어야 아이와 함께 계획을 세우는 데 도움이 될 것이다.

엄마표 학습은 자연스럽게 학기 중의 관리가 방학 중의 관리로 이어진다. 엄마표 학습이 체계적으로 이어지려면 방학 중에도 계획과 피드백이 이루어져야 한다. 학기 중에 잘해 오던 엄마표 교육이 방학으로 인해 단절되지 않도록 신경 써야 한다. 최근 전 세계적으로 온라인 수업 이후 학업 격차가 커졌다는 다양한 연구 결과가 나오고 있지만, 방학이 지나고 학업 격차가 커지는 것에 대한 연구 결과는 이전부터 쭉 있어 왔다. 이것은 곧 엄마표 학습이 학교의 손이 닿지 않은 기간인 방학에 더 중요하다는 의미일 수 있다.

안다. 얼마나 부담스러운 말인지. 어릴 때는 혼자 걷게 하고 혼자 먹게 하려고 애를 썼다면, 아이가 크니 혼자 공부할 수 있게 애를 써야 하는 것이다. 이제 조금 편해지나 싶었는데 단지 육아서에서 교육서로 바뀔 뿐이니 아이를 키우는 것은 참으로 힘든 일이 아닐 수 없다. 그 힘든 여정에 이 책이 각 학년의 공부는 물론, 학기 중, 방학 중의 공부에 대한 방향을 잡는 데 도움이 되면 좋겠다. 각 학년별 주요 관리 내용은 뒤에서 자세히 다루므로 참고하길 바란다.

방학은 친밀감을
형성할 수 있는 기회이다

　부모에게 아이의 방학이란 매우 부담스러운 기간이다. 물론 온라인 수업과 엄마표 학습이 강화되면서 방학이 아니더라도 아이와 함께하는 시간이 늘었다. 하지만 방학에는 늘어난 아이의 자유 시간만큼, 무언가 더 해 줘야 할 것만 같은 의무를 느끼기 마련이다. 그 결과 각종 전시회며 체험 학습 등 여기저기로 아이를 끌고 다니는 강행군이 이어진다. 아이와 붙어 있는 시간이 길어질수록 부딪히는 횟수도 많아진다. 덕분에 아이가 개학하고 나면 한바탕 몸살을 앓는 부모가 많다. 그런데 이런 활동에 몰두하느라 정작 아이를 놓치곤 한다. 어디를 가고, 무엇을 보는지에 치중한 나머지 아이와 진심 어린 대화를 나누었는지, 함께하는 동안 많이 웃었는지, 아이가 정서적 에너지를 듬뿍 받았는지를 놓치는 것이다.

감정이 아이의 성적을 좌우한다

"아침부터 스마트폰만 붙잡고 뭐 하는 거니? 숙제는 다 했어?"

엄마의 성난 목소리에 화들짝 놀라 방에 들어간 아이, 과연 엄마의 바람처럼 공부를 시작할까? 여기 흥미로운 실험이 있다.

초등학교 4학년 교실, 수학 평균이 동일한 두 개의 그룹이 있다. 10분 동안 아이들은 어떤 경험을 한 뒤 시험을 보았다. 그 결과 A집단은 73.5점, B집단은 78.6점으로, 평균 점수가 무려 5점이나 차이가 났다. 이 아이들에게 시험 전 무슨 일이 있었던 걸까?

시험 전 A집단에게는 최근 일주일 동안 기분이 나빴거나 짜증나고 화났던 일을 떠올려 다섯 가지를 쓰게 했고, B집단에게는 기분이 좋았거나 신나고 행복했던 일을 다섯 가지 쓰게 했다. 그 활동을 하는 동안 A집단의 아이들은 다시 떠오른 좋지 않은 일들로 기분이 나빠졌을 것이다. 반대로 B집단의 아이들은 기분이 좋아졌을 것이다. 아이들은 그 기분 상태 그대로 시험을 치렀고, 고작 10분의 경험이 평균 5점이라는 점수 차이를 가져왔다. 만약 이런 경험이 누적된다면 어떻게 될까? 그것이 얼마나 큰 차이를 가져올지는 누구나 쉽게 예측할 수 있을 것이다.

이 실험은 EBS 다큐프라임 「공부 못하는 아이」편에서 직접 했던 실험이다. 실제로 반에서 수업 분위기를 주도하며 소위 공부 좀 한다는 아이들은 이상하게 친구들과의 관계도 좋고 밝고 의욕

적이다. 매사에 무기력하고 공부에 별 관심 없는 아이들은 우울하고 어두운 경우가 많다. 왜 그럴까 살펴보고 연구해 보니, 기본적으로 공부 잘하는 아이들은 부모와 관계가 좋고 안정적이라는 사실을 어렵지 않게 발견할 수 있었다. 공부를 잘하는 아이들은 가정에서 충분한 안정감과 유대감을 제공받고 있었다. 즉 정서와 성적이 비례하는 것이다.

김영훈 박사의 『공부 의욕』(베가북스)을 보면 "공부에 중요한 감정 조절은 엔도르핀, 옥시토신, 도파민과 같은 신경 전달 물질이 담당한다."고 한다. 부모와 정서적 교류가 이루어지면 아이의 뇌에서는 아이의 심리를 안정시키는 엔도르핀과 활력을 느끼게 하는 도파민이 나와 아이에게 안정감과 활력, 행복감을 선사한다. 특히 도파민은 동기 부여에 영향을 미친다. 도파민이 증가하면 탐구력이 높아지고 지치지 않으며 열정적으로 과제에 몰두하는 경향이 있다.

여러 실험 결과들은 하나같이 부모의 사랑이 아이의 집중력과 정서적 안정을 높여 공부를 잘하게 만들어 준다는 것을 알려 준다.

가정에서 지원받는 사랑은 다른 어떤 교육도 줄 수 없다. 방학 동안 행복한 감정들을 많이 모을 수 있도록, 그리하여 바쁘고 힘든 학기를 잘 보낼 수 있도록, 안정된 정서를 바탕으로 공부에 집중할 수 있도록 아이의 마음에 신경을 써 줘야 한다.

아이와 관계가 상하지 않는 대화법

코로나바이러스감염증-19로 온라인 개학과 원격 수업을 반복했던 학부모들에게 이제 한 달의 방학 따위는 거뜬할지도 모른다. 하지만 아이와 함께하는 것, 더군다나 교육이라는 행위를 하며 시간을 같이 보내는 것은 쉬운 일이 아니다. 소중한 내 아이와 함께하는 이 시간을 언젠가는 그리워하게 될 것을 알지만 지금 당장은 버거운 것이 사실이다. 그럼에도 불구하고 우리는 감정과 정서의 중요성을 알고 있으므로 조금이라도 더 노력해야 한다.

먼저 말투부터 점검하자. 부모가 사는 게 힘들어서 감정의 분풀이로 아이에게 습관적으로 짜증을 내는 건 아닌지, 화내는 말투를 쓰는 건 아닌지 점검해야 한다. 일관성 없는 부모의 짜증은 아이를 눈치 보는 아이로 자라나게 한다. 말투로 인한 심리적인 억압은 무관심보다 못하다. 부모와 아이의 감정이 상하지 않고 관계를 좋게하는 효과적인 대화의 기술을 일곱 가지로 정리해 보았다.

① 의견 제시형(선택형) 화법

아이들에게 청소하라고 말할 때 "컴퓨터 끄고 네 방 청소 좀 해라. 이게 뭐니? 이게 사람 방이니?"라고 한다면 아이는 시무룩해져서 청소하거나 반항할 것이다.

하지만 "10분 후에 청소할래? 지금 청소할래?"라는 질문은 청소하는 것은 당연하게 설계되어 있는 상황에서 아이로 하여금 선택하게 한다. 아이는 자신이 청소하는 것을 선택했다고 착각하고 책임감을 발휘한다. 숙제를 하라고 할 때도 "숙제해!"라는 말 대신 "숙제하는 게 어떠니?"라고 의견 제시형 화법을 쓰는 것이 좋다.

② 의문형 화법

아이들은 항상 이제 막, 곧 하려고 하는데 엄마가 잔소리한다고 투덜거린다. 아이도 자신이 해야 할 일을 알고 있고, 마음속에 찝찝함으로 남아 있다. '숙제해야 하는데, 귀찮다. 놀고 싶다.'라고 생각하고 있는데 "숙제해라!"라는 잔소리가 들리면 짜증이 난다. 잔소리가 생각의 기회를 막는다. 따라서 화내지 않고 부정적인 말투를 배제하고 아이에게 생각할 기회를 주면서 의도를 전달하는 것이 좋다.

"오늘 계획대로 잘 되어 가고 있니?" "독서는 몇 시에 할 건지 알려 줄래?"처럼 의문형으로 아이가 생각할 기회를 다시 주는 것이다. 이 화법은 내가 해야 할 일을 언제, 어떤 방식으로 할 것인지 선택할 수 있게 한다.

③ 나 메시지(I message) 화법

아이에게 말을 할 때 아이를 비난하거나 아이가 주어가 되는 말을 사용하면 감정이 상하고 관계가 멀어진다. 아이를 존중하는 부모는 아이가 순종하지 않는다고 화내지 않는다.

"엄마는 우리 지현이가 숙제를 안 하니 속상하네?"

"현민이가 게임만 하고 있으니 아빠는 걱정이 되는구나."

나 메시지 화법이란 위와 같이 '나'를 주어로 나의 기분을 설명하면서 말하는 것이다. 화법을 바꾸면 아이는 부모의 말을 더 잘 수용하고 다른 사람과 대화할 때 어떤 식으로 하면 좋을지 배우게 된다.

④ 어떻게(How) 의문문 화법

'왜'라는 의문문보다 '어떻게'라는 의문문은 공격적이지 않다. "너 도대체 왜 그러니?" "왜 시계를 훔쳤어?" "왜 선생님께 혼난 거야?"라고 묻기보다 "어떻게 하다가 이렇게 된 거야?" "어떻게 하다가 선생님께 혼난 거야?" "어떻게 하다가 시계가 네게 있게 된 거니?"라고 묻는다면 아이는 거짓말하지 않고 좀 더 마음 편하게 말을 꺼낼 수 있다.

⑤ 그렇구나, 그런데(Yes, but) 화법

이 화법은 '공감'을 전제로 한다. 아이가 무언가를 말했을 때 "변명하지 마라." "엄마 말에 대꾸하지 마라."라고 말하며 아이의 의견을 수용하지 않는다면 아이는 앞으로 더 이상 부모에게 말하지 않을 것이다. 부모가 보는 앞에서는 "네."라고 하지만 뒤돌아서면 자신이 원하는 대로 행동할지도 모른다. 대화에서 가장 중요한 것은 '경청'과 '공감'이다. 경청과 공감을 하려면 일단 아이의 상황을 들어 보고 아이의 말을 수용해야 한다. "어떻게 된 상황인지 설명해 줄 수 있니?"라고 묻고 "그랬구나."라고 공감한다. 그런 다음에 새로운 대안을 제시하거나 어떻게 하면 좋겠는지 묻는다. "그렇구나. 우리 현진이가 친구랑 계속 놀고 싶구나. 그런데 시간이 너무 늦은 것 같은데 어떻게 하면 좋을까?" 아이의 의견을 수용하면서도 부모의 의견을 제시할 수 있다.

⑥ 알지 화법

"지민아, 오늘 교실 청소인 거 알지?"라고 말하면 사실은 교실 청소를 잊어버렸다고 하더라도, 아이는 선생님이 자신을 믿고 있음을 느끼기 때문에 "네."라고 대답하며 더욱 열심히 청소한다.

"영철아, 학교 다녀오면 옷 걸어 놔야 하는 거 알지?" "영철이 이제 숙제하려고 했구나?"처럼 물으면 아이에 대한 절대적인 믿음을 보여 줄 수 있다.

⑦ 미안해, 고마워 화법

"미안해, 고마워."라는 말은 사람의 마음을 풀어 주는 마법의 말(Magic Word)이다. 부모나 교사라도 잘못했다면 아이에게 진심을 담아 사과해야 한다. 사과한다고 해서 권위가 무너지지 않는다. 오히려 어른이라는 이유로 잘못을 합리화하는 것이야말로 권위를 무너뜨린다. 미안하고 고마운 것을 표현하는 것은 아이를 최고로 존중하는 대화이다.

혹시 대화하려고 마음먹으면 자꾸 잔소리가 되지는 않는가? 어떤 것이 잔소리이고, 어떤 것이 대화인지 비교해 보자.

잔소리	대화
비난	해결
감정의 분풀이	수용과 공감
끝내야 할 때 끝내지 못함	끝내야 할 때 끝냄

경험이
곧 꿈이 된다

　학교에서는 매년 아이들의 장래 희망을 조사한다. 아빠가 대기업의 임원이고 엄마가 교사인 아이는 대기업 CEO나 교사가 꿈이다. 아빠가 의사인 아이는 의사를 꿈꾸고, 엄마가 영어 강사인 아이는 영어 교사나 외교관을 꿈꾼다. 어느 해에 사회 보호 시설에서 지내는 아이 두 명을 가르친 적이 있었다. 그 아이들의 꿈은 무엇이었을까? 한 아이의 꿈은 동화 구연 지도사였다. 이유인즉 시설에서는 단체 생활을 하기 때문에 여러 일을 분담해서 하는데 그아이가 맡은 일이 '동생들에게 동화책 읽어 주기'였던 것이다. 자신이 동화책을 읽어 줄 때 행복해하는 동생들의 모습을 보고 동화 구연을 직업으로 삼고 싶다고 생각한 모양이었다. 또 다른 아이는 꿈이 피구 선수였다. 공부를 하는 데 어려움을 겪었던 그 아이는 체육 시간에 피구 경기를 할 때마다 끝까지 살아남는 자신을 발견하고 '나는 피구를 잘하는구나.'라고 생각했고, 피구 선수가 되어야겠다고 결심했다.

나는 이 아이들에게 그 꿈을 발전시킬 수 있는 다른 직업들을 알려 주었다. 전자의 아이에게는 성우나 아나운서와 같은 직업을, 후자의 아이에게는 피구는 스포츠 종목에 없으므로 스포츠 해설가와 몸을 움직일 수 있는 여러 직업들을 소개해 주었다.

아이들은 자신의 세계에서 자주 보고 접하는 직업을 곧 자신의 목표로 삼는 경우가 많다. 그래서 아이에게는 세상을 넓혀 주고 꿈을 자극해 줄 조력자가 꼭 필요하다.

일상이 낯설어지는 순간을 많이 만들어 주자

경험은 많을수록 좋다. 책에서 읽었던 이야기, 친구들과 실없이 나눈 농담까지 모든 게 아이에게는 '참고 경험'이 된다. 아이는 자신이 필요할 때 이 경험들을 백과사전처럼 빼내어 쓰게 된다. 때때로 강렬한 영감이 이 참고 경험과 만나게 되면 놀라운 미래가 만들어지기도 한다. 그 마법의 순간이 언제 올지는 아무도 모른다. 다만 아이가 가지고 있는 참고 경험이 풍부할 때 깨달음의 순간 역시 자주 찾아오며, 미래도 풍요로워진다.

경험을 많이 시키라고 하면 부모는 체험 학습, 여행처럼 거창한 것들을 떠올리며 부담을 느낀다. 물론 그런 것들 또한 귀중한 경험이 된다. 그러나 무엇보다 중요한 것은 '일상이 낯설어지는 경험'이다. 책을 보더라도 낯선 부분, 새로운 부분을 찾을 수 있어야 하며, 여행지에서도 주변의 자연환경을 관찰해서 그려 보거나 사진을 찍으면서 익숙한 것을 낯설게 보는 시각이 필요하다.

이를 유의한다면 길거리 공연, 멘토의 강연회, 동네 산책 등 이 모든 것들이 아이에게 경험이 되어 쌓일 것이다. 그중 어떤 경험이 아이에게 결정적 경험이 될지는 아무도 알 수 없다. 미국 캘리포니아 대학교 기계공학과의 데니스 홍 교수는 시각 장애인용 자동차를 만들어 유명해졌다. 일곱 살 때 「스타워즈」라는 영화를 보고 정말 멋지다고 생각한 경험이 그로 하여금 로봇 과학자라는 꿈을 꾸게 했다고 한다. NASA 우주 비행사인 마이크 홉킨스는 고등학생 때 텔레비전에서 우주 왕복선이 발사되는 장면을 본 뒤 우주여행에 관심을 가졌고, 그것이 평생의 관심사가 되었다. 곧 그는 NASA에 관해 찾아보기 시작했고, 그 관심이 발전되어 우주 비행사가 되었다.

특정한 순간만이 아이의 미래를 결정하는 건 아니지만, 그러한 순간들이 모여서 관심사가 되고, 그 관심사가 새로운 관심사를 낳으며 발전해 간다. 그 끝에는 무엇이 기다리고 있을지 아무도 알 수 없다. 설레지 않는가.

아이의 관심사를 발전시키는 방법

아이의 세상을 넓혀 주는 또 다른 방법이 있다. 바로 아이의 관심사를 발전시켜 주는 일이다. 그 어떤 경험보다 아이를 매료시키며 훌륭한 참고 경험이 되어 준다. 특히 좋아하는 일을 스스로 선택하게 할 때 아이는 자신의 관심사를 발견하고 열정적으로 발전시켜 나간다. 스포츠 심리학자인 장 코테는 어릴 적에 다양한 운동을 시도해 본 다음, 한 종목에 전념한 프로 선수들이 대체로 훨씬 좋은 성적을 낸다고 말했다. 이처럼 관심사를 발견한 다음에는 발전시켜 나가야 한다. 이때 부모의 도움이 필요하다. 「뉴욕 타임스」 십자말풀이 편집자인 윌 쇼츠는 어릴 적, 읽고 쓰기를 배운 지 얼마 지나지 않아 우연히 십자말풀이 책을 보게 되었다. 그는 곧바로 퍼즐에 흥미를 느끼며 수학, 낱말 등 다양한 퍼즐까지 섭렵했다. 쇼츠의 엄마는 아들이 흥미를 보이자 퍼즐 책을 아낌없이 사 주었다. 그리고 아이가 직접 십자말풀이를 만들 수 있도록 종이에 격자로 줄을 긋고 긴 단어들을 가로세로로 가로질러 쓰는 법과 격자에 번호를 매기고 뜻풀이를 쓰는 법을 알려 주었다. 쇼츠의 엄마는 쇼츠가 십자말풀이를 만들자마자 작품을 투고하는 방법을 알려 주면서 팔아 보라고 권했다. 그 덕분에 쇼츠는 열네 살에 처음으로 십자말풀이를 팔았고, 열여섯 살에는 퍼즐 잡지인 「델」에 정기적으로 기고하게 되었다.

아이가 좋아하는 게 있다면 관심사를 발전적으로 살려 볼 수 있도록 도와주자. 만화 그리기를 좋아한다면, 좋아하는 만화 작가의 특징을 정리해 보거나 만화를 직접 그려 보게 할 수도 있다. 이는 훌륭한 방학 선택 과제가 되기도 한다.

나를 발견하는 '욕구 발견 프로젝트'

자신이 무엇을 좋아하고, 무엇에 관심이 많은지 아직 잘 모르는 아이가 많다. 또 하고 싶은 건 많지만 막상 시도해 볼 엄두가 나지 않는 아이도 있다. 이런 아이들에게 김주현 선생님의 '욕구 발견 프로젝트'를 소개한다. 김주현 선생님이 학교에서 직접 실천해 보고 효과를 본 방법으로, 「세바시」라는 프로그램에 소개되어 화제가 되기도 하였다.

이 프로젝트는 자신만의 강점을 살려 정말 하고 싶었던 일을 장기적으로 해 보는 것으로 쿠키 구워서 길거리에서 팔아 보기, 종이접기 포트폴리오 만들기, 여러 직업인 인터뷰해서 인터뷰 신문 만들기, 만화책 만들기, 친구들의 캐리커처 그리기, 영화 찍어서 유튜브에 올리기 등 흥미롭고 재미있는 주제들이 많다.

실제로 우리 반의 한 아이가 신문 만들기에 도전한 적이 있다. 교장 선생님을 비롯해 많은 선생님을 섭외하여 각 선생님을 위한 맞춤형 질문지를 만들어 인터뷰하고 그 내용을 정리해 신문으로 만들어 왔다.

그 과정에서 얼마나 많은 것들을 배웠을지 짐작이 가는가? 수학 문제를 하나 더 푸는 것보다 훨씬 가치 있는 경험이었을 것이다. 나는 아이들이 다양한 경험과 체험 속에서 자신만의 강점을 찾기를 원한다. 그러한 경험 속에서 아이들은 하고 싶은 일이 생기고 좋아하는 게 생긴다. 아이들이 커서 마주하게 될 사회는 지금과 많이 다를 것이다. 여러 개의 직업을 가지게 될 것이고 개인의 역량이 더 중요해질 것이다. 자신에게 주어진 강점을 많이 갈고 닦은 아이가, 자신의 취향을 정확히 아는 아이가 미래에 더 행복해질 확률이 높지 않을까. 방학은 '나'를 발견하는 경험을 하기에 최고의 시간이다.

공부를 잘한다는 것의
진짜 의미

"공부를 잘하는 아이는 공부만 잘하는 게 아니야. 어쩌면 그렇게 자기 할 일도 똑 부러지게 하고 예의도 바른지 모르겠어."

많은 선생님이 하는 말이다. 그리고 슬프게도 나 역시 그렇게 느낄 때가 많다. 아이들은 한 명 한 명, 모두 장점이 있고 잘하는 게 다르기 마련이다. 그런데 공부 잘하는 아이는 다른 것도 잘하는 경우가 많다. 그 이유는 공부를 잘한다는 것은 비단 머리가 좋거나 시험 보는 기술이 좋다는 것만 의미하지 않기 때문이다.

공부를 잘한다는 것은 놀고 싶고 딴짓하고 싶은 욕구를 참고 공부하는 절제력을 갖고 있다는 의미이다. 바꿔 말하면 절제력이 높으면 생활 습관이 훌륭하고 공부를 잘한다는 것이다.

절제력은 아이들의 학교생활 곳곳에서 힘을 발휘한다. 일단 친구와의 관계에 있어서 감정적으로 욱하지 않고 차분하게 자신의 감정을 전달하여 갈등을 잘 풀어 나가게 한다. 또 놀고 싶어도 자신이 해야 하는 학습지나 모둠 활동을 끝까지 해내게 한다. 친구들과 재미있게 하던 놀이도 공부할 시간이 되면 정리하고 자기 자리로 돌아오게 한다. 그러다 보니 자기 절제력이 높은 아이들은 학교생활이 전반적으로 정돈되어 있다. 수업 시간에 집중도 잘한다.

선생님들을 인터뷰할 때 공통적으로 들었던 이야기 중 하나가 방학 때 푹 쉬고 충분한 휴식을 취해야 하는 것은 맞지만 절제력 없이 무의미하게 시간을 보내서는 안 된다는 것이었다. 자유 시간이 많은 방학 동안에 무절제한 습관으로 자신의 생활이 무너진 아이들은 다시 학기 중의 리듬을 되찾는 데 힘들어한다. 하지만 방학 중에 절제력이 길러져서 좋은 습관을 만들어 온 아이들은 학교생활을 더 즐거워한다.

한 분야에서의 절제력이 다른 분야에 미치는 영향에 대해 조사한 실험이 있다. 한 집단은 체력 단련을 하려는 사람들, 또 다른 집단은 재정 관리를 하고자 하는 사람들, 나머지 한 집단은 공부 습관을 기르고자 하는 사람들로 나누었다. 그리고 각 집단은 자신의 목표를 달성하기 위해서 운동, 재정, 공부에 대한 계획을 짜고 일지를 기록하면서 훈련해 나갔다.

이 세 집단은 가끔씩 연구실에 와서 운동, 돈 관리, 공부와 전혀 상관없는 훈련을 받았다. 컴퓨터 화면에서 사각형이 깜박거리다

나중에는 제멋대로 자리를 바꾸는데, 컴퓨터 마우스를 사용해 깜박거렸던 사각형을 찾아내는 것이었다. 이 테스트에 성공하려면 처음부터 사각형을 잘 보고 움직임을 주시해야 한다. 그런데 이 테스트를 할 때, 가까운 곳에서 코미디 TV 프로그램을 틀어 놓았다. 높은 점수를 받으려면 농담과 웃음을 무시하고 지루한 사각형에 집중해야 한다. 이는 자기 절제를 요구하는 과제였다.

몇 주 후 체력 단련 프로그램에 참여한 이들은 체력이 향상되었고, 공부 습관 향상 프로그램에 참여한 이들은 학업 성과가 더욱 좋아졌고, 재정 관리 프로그램에 참여한 이들은 더 많은 돈을 절약할 수 있었다. 그런데 또 놀라운 것은 이들이 다른 부분에서도 향상된 모습을 보였다는 것이다. 공부 습관 향상 프로그램에 참여한 이들은 이전보다 자주 운동했고 충동구매를 자제했다. 또한 체력 단련과 재정 관리 프로그램에 참여한 이들은 이전보다 공부를 더 열심히 했다. 한 분야에서 자기 절제 훈련을 했을 뿐인데, 삶의 모든 부분을 향상시킨 것이다. 어떤 참여자들은 심지어 이 실험을 통해 화를 잘 내던 성격이 바뀌었다고 말했다. 코미디 프로그램을 무시하는 사각형 실험에서도 큰 진전을 보였다. 이는 정신적으로 유혹을 견디는 힘을 갖게 되었음을 의미했다.

즉 한 분야에서 절제력을 기르면 다른 부분에 있어서도 절제력이 발휘된다는 것이다. 절제력이 좋은 아이가 30년 뒤 연봉이 더 많다는 말이 괜히 나온 게 아니다.

자기 절제력은 후천적 능력이다

우리에게 기쁜 소식은 자기 절제력이 후천적 양육에 의해 좌우 된다는 사실이다. 자기 절제력을 관장하는 전두엽은 아이가 성숙 해 나가는 동안 서서히 발달하기 때문이다.

절제력은 고갈되기도 하는데 이를 증명하는 다양한 실험이 있 다. A팀과 B팀은 동일한 수학 실력을 갖고 있다. A팀은 맛있는 초콜릿을 먹고 수학 문제를 풀었고, B팀은 초콜릿을 먹는 A팀을 보며 무를 먹고 수학 문제를 풀었다. 결과는 어땠을까? A팀의 결 과가 더 잘 나왔다. B팀은 무를 먹으며 초콜릿을 먹고 싶은 마음 을 절제하는 데에 절제력을 썼기 때문에 수학 문제를 풀 때 집중 하기 힘들었던 것이다.

학기 중에는 해야 하는 수많은 일을 하는 데 절제력을 소진한 다. 즉 습관 만들기에 사용할 절제력이 부족하다. 하지만 방학은 더 이상 학교생활에 절제력을 사용하지 않아도 되니 좋은 습관을 만드는 데 힘을 쓸 수 있다. 그렇다면 어떻게 절제력으로 좋은 습 관을 길러 줄 수 있을까?

절제력으로 좋은 습관을 기르는 방법

습관에 대해 연구하는 사람들은 핵심 습관의 파급력에 대해서 말하곤 한다. 단 하나의 습관을 바꾸었을 뿐인데 그것이 연쇄 작용을 일으켜 다른 나쁜 습관을 없애거나 좋은 습관이 만들어진다는 것이다. 『습관의 힘』(갤리온)을 쓴 찰스 두히그는 "핵심 습관을 바꾸면 다른 모든 것을 바꾸는 것은 시간 문제일 뿐이다."라고 말했다.

아이와 일찍 일어나기, 스마트폰 사용하지 않기, 계획을 세우고 실천하기, 매일 운동하기 등 하나의 핵심 습관을 정해서 방학 때 그것 하나만은 습관을 들이도록 노력해 보자. 21일은 생각이 대뇌피질에서 뇌간까지 내려가는 데 걸리는 최소한의 시간이다. 생각이 뇌간까지 내려가면, 그때부터는 심장이 시키지 않아도 뛰는 것처럼 의식하지 않아도 습관적으로 행하게 된다. 즉 21일간 무엇인가를 지속하면 습관을 만들 수 있다는 것이다. 방학 때 만든 핵심 습관은 다른 습관뿐 아니라 학기 중의 생활에도 좋은 영향을 미칠 것이다. 아이와 대화한 후 핵심 습관으로 좋은 운동, 정리 정돈, 독서 등을 목표로 정하자. 그리고 매일 꾸준히 체크하자. 이것이 부담스럽다면 작심삼일을 열 번 반복한다고 생각하면 한결 마음이 가벼워진다.

방학 동안 온 가족이 습관 만들기 프로젝트를 하는 것도 좋은 방법이다. 하나씩 만들고 싶은 핵심 습관을 정해서 거실에 붙여 놓고, 서로 격려하고 감시하면서 강화하는 것이다. 아이는 자신만 힘들게 고생하는 것이 아니라 온 가족이 함께하고 있다는 사실에 힘이 난다. 이때 아이가 계획을 잘 지키거나 핵심 습관을 잘 만들었다면 보상해 주는 것도 나쁘지 않다. 하지만 보상을 약속하고 지키지 않으면 보상을 하지 않는 것보다 못할 수 있다. 부모의 언행 일치가 아이들의 절제력에 영향을 미칠 수 있다는 사실을 기억해야겠다.

PART2

방학 때마다
부모들이 하는
고민 7가지

작심삼일 방학 계획표, 꼭 세워야 할까?

방학이 되면 항상 하는 게 있다. 방학 계획표 세우기가 그것이다. 그런데 사실 지키는 경우는 별로 없다. 그러다 보니 이게 꼭 필요한가? 하는 생각을 하게 된다.

계획을 짠다고 해서 모두 계획대로 되는 건 아니다. 하지만 계획을 세우는 행동 자체가 자신을 돌아보는 과정이 되고, 그것을 실천하려는 노력 자체가 현실과 이상 사이를 좁히는 방법이 된다. 그래서 나는 방학 며칠 전부터 아이들에게 방학 계획을 세우게 한다. 단 자신에게 맞는 방학 계획을 세워야 한다. 이를 위해 나는 아이들과 함께 다음의 방법으로 방학 계획표를 세우고 있다.

1단계 : 보충해야 할 것 생각해 보기

한쪽에 치우치지 않고 학습, 건강, 예체능까지 골고루 살펴, 어떤 점을 보충해야 하고 어떻게 보충할 것인지 생각한다.

◆ 방학 계획표 1단계 예시

	부족한 점	실천 방법
학습	수학 계산 실수 많음 사회 이해가 잘 안 됨	연산 문제집 한 권 풀기 사회책 읽기
건강	줄넘기 인증제 통과 못 함 편식함	매일 줄넘기 연습하기 김치 먹기
예체능	그림을 잘 그리고 싶음 피아노 잘 치고 싶음	방과 후 교실 신청 - 그리기부 하루 30분 연습

2단계 : 해야 할 것과 하고 싶은 것의 균형 맞추기

방학에는 아이가 하고 싶은 것을 마음껏 하며 즐기는 시간도 중요하다. 하지만 계획표를 세우다 보면 해야 하는 것에만 치중하게 된다. 아이와 함께 '해야 할 것'과 '하고 싶은 것'을 이야기해 본다. 하고 싶은 것을 자유롭게 하는 데에 대한 책임으로 해야 할 것을 하게 한다. 아마 해야 할 것은 학습 관련 내용이 대부분이며,

하고 싶은 것은 경험 관련 내용이 대부분일 것이다. 자연스럽게 학습과 경험의 균형이 이루어진다.

◆ 방학 계획표 2단계 예시

방학 때 해야 할 일	방학 때 하고 싶은 일
• 일주일에 일기 두 편 이상 쓰기 • 책 열 권 이상 읽기 • 수학 6단원 예습하기 • 방학 숙제 제때제때 하기 • 학원 빠지지 않고 가기	• 일주일에 4일은 제한 없이 TV 보기 • 밤에 놀이터에서 놀기(7시 전에 들어오기) • 스케이트 타기 • 엄마랑 요리하기 • 온 가족이 다 같이 쇼핑하고 영화 보기

3단계 : 방학 계획 마인드맵 만들기

1, 2단계는 굳이 적지 않고 부모와 아이가 대화하면서 생각해 보는 것으로 충분하다. 하지만 3단계는 꼭 연필을 들고 함께 적으면 좋겠다. 부족한 부분이나 해야 할 것과 하고 싶은 것을 생각해 본 후, 그것을 마인드맵 형식으로 만들어서 전체적인 계획을 세우도록 한다. 마인드맵으로 만들면, 그 과정에서 1, 2단계의 생각이 정리되고 방학을 항목별로 나누어 볼 수 있어 편하다. 이때 부모의 코칭이 반드시 필요하다. 혼내거나 잔소리하지 않고 "어떤 게 부족하다고 생각해? 시간을 좀 늘려 볼까? 대신 이걸 하게 해 줄게."와 같이 아이와 합의를 이끌어 나가도록 한다.

방학 계획 마인드맵 만드는 방법

① 방학 계획 마인드맵에 제목을 붙인다.

② 방학의 주제 가지들을 만든다(놀이, 여행, 학습, 독서, 습관, 운동 등 자기가 부족했던 부분과 해야 할 일, 하고 싶은 일이 골고루 들어가도록).

③ 각 가지에 실천 내용을 적는다(장소, 시간, 분량, 방법 등이 구체적으로 들어가도록).

④ 예쁜 색 도화지에 옮긴다.

◆ 구체적인 마인드맵을 세우게 하는 질문

나는 아이들이 계획을 세울 때 시간과 분량을 정확하게 생각하도록 유도한다. 이를 위해 "그러면 여기 적은 것들을 공부하는 데 시간이 총 얼마나 걸릴 것 같아?"라고 묻는다. 무작정 계획을 세우면 아이들은 해야 할 일만 많아지는 것 같아서 버겁다고 느끼기 때문이다. 아이들이 대충 계산해서 시간을 말하면 이를 정리해 말해 준다.

"그러면 하루에 한 시간 책 읽고, 한 시간 30분 공부하고, 또 학원을 가야 한다는 거네?"

"나머지 시간에는 우리 민우가 하고 싶은 일 그러니까 운동하고, 친구들이랑 놀기 같은 걸 하면 되겠네?"

① 독서 부분 : 나는 모든 아이에게 "하루 독서 시간은 얼마나

잡을까?" "일주일에 도서관은 몇 번 갈래?"라고 질문한다. 책을 잘 안 읽는 친구들은 짧은 시간을 말한다. 그러면 나는 "20분은 너무 적은 것 같지 않아? 좀 늘려 보자." 하고 아이와 시간을 합의해 간다. 평소 독서를 잘하는 친구들은 내가 말하지 않아도 한두 시간을 적어 온다. 책을 잘 안 읽는 친구들도 최소 30분은 읽기로 약속한다. 그리고 "일주일에 도서관은 몇 번 갈까? 무슨 요일에 갈까? 어디 도서관으로 가 볼까?" 하고 물어 실천 사항에 적게 한다. 단순히 '책 읽기'라고 계획을 세운 것보다 '수요일에 동네 도서관에 가고, 하루에 30분씩 책 읽기'라고 계획을 세우면 실천 확률이 올라간다.

② 학습 부분 : 부족한 학습을 보충하는 방법을 같이 생각해 본다. 학원에서 배우는 것들은 학원 숙제를 계획표에 넣어 그것들을 꾸준히 하도록 한다. 그것 외에 보충할 게 있다면 "1학기 수학 문제집을 풀어 볼까?" "연산 문제집은 하루에 몇 장 풀까?" "EBS 영어 강의를 하나 들어 볼까?" "도서관에서 영어 동화책을 빌려 일주일에 두 권씩 읽어 볼까?" 하고 물어 구체적으로 계획을 세우게 한다.

4단계 : 하루 단위로 체크 리스트를 만든다

3단계에서 세운 구체적인 목표를 기준으로 매일 해야 할 일을 체크 리스트로 만든다. 그리고 매일 게임에서 아웃시켜 나가듯이 지워 가도록 한다.

- ☐ 독서 한 시간
- ☐ 영어 학원
- ☐ 수학 학원
- ☐ 학원 다녀와서 학원 숙제하기
- ☐ 줄넘기 30개 하기
- ☐ 연산 문제집 세 장 풀기
- ☐ 한자 다섯 개 쓰기
- ☐ 할 일 마친 뒤 하고 싶은 것 하기 : 클레이 만들기, 유튜브 보기, TV 보기

위의 방법은 예시일 뿐이다. 마인드맵 계획표 대신 주제별로도 위와 같이 계획표를 만들 수 있다. 아이에게 맞는 방법으로 계획표를 만들어 실천해 보도록 하자. 아이가 계획을 세우면 부모가 확인을 해야 한다. 혼자 그 계획을 실천하고자 노력하다 보면 지친다. 잘하고 있는지 부모가 확인해 주면서 꾸준히 노력할 수 있도록 도와주자.

현명하게 체크 리스트를 만드는 방법

① 함께 계획을 세우자

아이가 할 일을 엄마가 정해서 통보하면 아이는 당연히 하기 싫어진다. 방학 계획을 세울 때나 체크 리스트를 만들 때, 아이를 최대한 참여시켜서 내가 주도권을 갖고 있다는 느낌을 주어야 한다.

② 필수 과제와 선택 과제를 이용하자

계획을 세우라고 했을 때 하기 쉬운 것만 적거나 너무 적은 양을 적으면 엄마는 걱정이 된다. 그럴 때는 대화를 통해 하루에 반드시 해야 하는 필수 과제를 정하자. 그리고 필수 과제 외의 나머지는 아이의 자율에 맡겨서 선택 과제를 정한다.

학년이 올라가고 계획 세우기가 익숙해지면 필수 과제는 필요 없고 아이 스스로 모든 계획을 세우도록 한다.

③ 끝내면 놀자

아이가 과제를 생각보다 일찍 마쳤다면, 공부를 더 시키고 싶은 마음이 생기더라도 그 마음을 누르자. 내일의 계획에 반영할 수는 있어도 당일의 나머지 시간에는 자유롭게 하고 싶은 일을 할 수 있게 해야 한다. 단, 게임이나 유튜브 등은 자유 시간에도 시간을 제한해서 이용하도록 해야 한다.

④ 작심삼일을 자꾸 하자

체크 리스트를 하면 아이와 자꾸 다투게 된다. "그러려면 계획은 왜 세웠니?" 하고 닦달하지 않아도 된다. 혹 피곤해서 피드백을 함께 못 했더라도 자책하지 않아도 된다. 며칠 하다가 잘 안 되면 그냥 그날부터 마음을 다시 먹고 또 하면 된다.

⑤ 계획을 실천할 수 있는 환경 설계를 연구하자

화이트보드 한쪽에 그날 계획을 좀 크게 적어 아이가 계속 보게 하는 것도 방법이다. 금요일은 체크 리스트에 적었다가 실천하지 못했던 것을 하는 날로 정하는 방법도 있다. 계획을 실천할 수 있는 팁들을 끊임없이 고민해 보자.

⑥ 보상을 활용하자

보상을 정해도 좋다. 할 일을 다 했다고 그날 바로 뭔가를 사주는 단기적인 보상 말고 한 달 정도 장기적으로 자기 할 일을 다 했을 때, 너무 과하지 않은 것으로 아이와 보상을 정해 보는 것이다. 처음에는 1~2주일 정도로 조금 짧게, 작은 보상으로 시작하다가 점차 기간을 늘려 가도 좋다. 매일 실천하기 힘들면 한 달 20일 중 15일 이상 지켰을 때, 혹은 할 일을 다 했을 때마다 스티커를 주고 20개 정도가 모였을 때 보상하는 방식도 있다.

또 체크 리스트에 적은 일을 다 할 때마다 보상으로 주는 30분을 모아서 주말에 자유 시간을 쓰도록 하는 방법도 있다. 3일간 할 일을 다 했다면 한 시간 반의 자유를, 5일간 다 했다면 두 시간 반 동안의 자유를 누릴 것이다.

⑦ 실천이 잘 안 되면 궁리해 보라고 하자

계획 세운 것을 못 지켰을 때, 어떻게 하면 다 실천할 수 있을지 아이에게 책임을 넘겨주며 궁리해 보라고 하자. 내일부터는 어떻게 하면 잘할 수 있을지 방법을 생각해 보고 알려 달라고 하는 것이다. 학습에 대한 주도권과 책임을 아이에게 넘기자.

⑧ 피드백을 하자

저녁에 자기 전에 체크 리스트를 점검하면서 "어떤 점이 어려웠어?" "어떤 점을 스스로 칭찬하고 싶어?" 이렇게 스스로 피드백할 수 있도록 기회를 준다. 그리고 칭찬도 많이 하자. "혼자서 공부 계획도 세우고 그걸 실천하다니 정말 멋지다!"

온라인 수업 시대,
예습할까? 복습할까?

방학이 되면 선행 학습을 해야 하는가 말아야 하는가에 대한 고민이 더욱 깊어진다. 선행 학습의 폐해를 모르지 않기에 교육 소신을 지키고 싶지만, 온라인 수업에 대한 불안감으로 현실은 그러기 쉽지 않다. 결론부터 말하자면 나는 선행 학습을 무조건 나쁘다고 생각하지 않는다. 다만 신념과 기준 없는 선행 학습은 조심해야 한다. 그리고 그 기준은 아이가 되어야 한다. 아이에 따라 선행 학습의 유무, 종류, 강도가 달라진다.

선행 학습이 가장 많이 이루어지는 과목은 수학과 영어일 것이다. 초등 교과목 중에서 가장 중요한 과목이기도 하다. 이 중에서 수학 선행 학습에 대해 이야기해 보자.

시험 점수가 80점인 아이의 선행 학습은 위험하다

간혹 선행 학습 정도로 아이의 수준을 평가하는 경우가 있다. 진도가 앞서 나간다는 것은 아이가 그만큼 잘 따라가고 있음을 의미한다고 생각하기 때문이다. 사실 최상위권의 아이들, 자기 주도 학습 능력을 갖춘 아이들을 제외하면 선행 학습은 아이들을 자만하게 한다. 선행 학습을 하여도 학교 수업 시간에 집중한다면 문제가 될 것은 하나도 없다. 하지만 수업을 제대로 듣는 아이들은 한 학급에서 셋 중 한 명도 안 된다. 집에서 열심히 시킨다고 하는데, 아이의 시험 점수가 80점대라면 바로 그런 아이들이다.

80점대 아이들은 대부분 시험에서 실수해서라고 생각하지만 실수가 아니다. 초등학교 교육 과정에서 80점대는 결코 높은 점수가 아니다. 오히려 잘하는 편이라고 착각하기 쉬운 아주 위험한 점수이다. 이 점수대는 개념을 제대로 이해하지 못했거나 연산이 약하다는 것을 의미한다. 이때 이를 그냥 넘긴 채 학원에 보내 선행 학습만 이어 간다면 아이의 수학 성적은 학년이 올라갈수록 떨어지게 된다.

중고등학교 때 수학 성적이 떨어지는 것은 더 일찍 선행 학습을 하지 않아서가 아니다. 초등학생 때 개념 이해와 연산 연습이 충분히 되지 않았고, 한 문제라도 제힘으로 끝까지 고민하고 푸는 연습을 하지 않았기 때문이다. 초등학생 때 무조건 놀리고, 아이가 원하는 대로 놔둬서는 안 된다. 초등 수학을 제대로 잡고 가지 않으면 중고등학교 때 부족한 부분을 메꾸기 힘들다. 어느 영역이 부족한지 아이 실력을 제대로 모른 채 학원에 보내 진도만 뺀다고 다가 아니란 말이다.

예습 vs 복습, 아이의 실력에 맞게 선택하는 법

아이의 수학 실력은 현 학년의 수학 익힘책만 풀어 봐도 답이 나온다. 수학 익힘책을 무리 없이 풀어 내는 아이는 한 반에 2~3명밖에 되지 않는다. 자기 학년의 수학 익힘책도 풀지 못하면서 한 학년, 두 학년 선행 학습을 하고 있는 아이들을 보면 학원비가 아깝다는 생각이 절로 든다.

나는 이 책을 쓰면서 학년별 최고의 교사들을 만나 왔다. 23년 차 채은영 선생님은 "초등학교 수학이 정말 중요하다는 것을 부모님들이 아서야 해요!"라고 말하며 다음과 같이 강조한다.

"중학교 수학은 초등 과정에서 조금 추가된 내용이 나올 뿐이에요. 모든 수학 개념이 연계되어 있기 때문에 자기 학년 것을 잘해야 그다음 년도 것도 이해할 수 있어요. 중고등학교에 올라가서 수포자(수학을 포기한 자)가 되었다는 것은 초등 수학에서부터 문제가 있었다는 거예요. 학교에서 실시하는 수행 평가는 성취 기준의 달성 여부를 보는 것이기 때문에 '매우 잘함'은 단지 기본이 되었다는 의미일 뿐이에요. 따라서 아무리 성적이 좋은 학생이라도 '왜?'라고 물으면 대답을 못하는 경우가 많아요. 분수의 나눗셈에서 왜 분모와 분자가 바뀌는지 모르는 거죠. 조금만 응용되어도 이해하지 못하고 도구적으로만 생각해요. 한 반의 아이들 중 전년도 내용을 완벽하게 이해해서 선행 학습이 필요한 아이들은 10퍼센트가 될까 말까예요. 방학 때는 전년도나 전 학기에 배운 것을 복습하고 새 개념은 학교에서 정확하게 배우는 게 나아요. 만약 전 학년의 내용을 충분히 이해했다면 전 학년의 응용문제나 심화문제를 더 복습하는 게 오히려 실력 향상에 도움이 되지요."

예습을 한다면 한 학기 이상은 금물

하지만 모든 선생님들이 복습을 주장하지는 않는다. 김미숙 선생님은 과목 특성상 수학은 세 단원 정도 미리 예습하거나 교과서를 미리 읽는 것이 수업 진도를 따라가는 데 도움이 된다고 말한다. 31년 차 임희순 선생님 역시 "영어, 수학은 현실적으로 방학 동안 한 학기 정도 선행 학습을 해야겠더라고요. 선행 학습을 하는 애들이 많으니 거기에 따라갈 수밖에 없다고 생각해요. 무엇보다 아이들의 자존감이 중요하다고 생각하는데, 미리 공부하고 오면 나는 잘하는 아이라고 생각하게 되거든요. 이런 경험을 한 번이라도 한 아이들은 계속 잘하게 되죠. 방학 때는 한 학기 분의 문제집을 미리 한 번씩 풀라고 권하고 싶어요. 단, 이때는 가장 쉬운 기초 문제집으로 예습해야 해요. 그리고 다음 학기(학년)가 되어 그 내용을 배울 때는 조금 난이도를 올려 두세 권의 문제집을 더 풀어 보는 거죠. 그러면 해당 학기의 수학 내용을 서너 권 공부하게 돼요. 끝까지 학습 부진을 극복하지 못하는 아이들은 대부분 부모가 관심이 없는 아이들이에요. 처음부터 아이 스스로 공부하길 바라서는 안 돼요. 처음에는 부모가 이끌고 도와줘야 해요. 아이의 부족한 부분은 보충해 주고, 문제집도 골라 주고 필요한 학원도 보내 주고 해야 하지요." 또 20년 차 박민희 선생님은 "기본 개념을 찾아가는 한 학기 정도의 예습은 추천할 만해요. 수학을 잘 못하는 친구들은 복습과 예습의 비율을 7 : 3으로 하고 공부를 잘하는 친구들은 복습과 예습의 비율을 3 : 7로 하세요."라고 수학 선행 학습에 대해 조언해 주었다.

선행 학습이 문제가 아니라, 배운 수학 개념을 이해하지 못한 채 진도만 빼는 공부가 결국 문제인 것이다. 부모는 방학 때 아이의 수준이 어느 정도인지 교과서와 문제집을 보면서 체크해야 한다. 그리고 적정한 수준의 문제집을 풀고 있는지, 학원만 왔다 갔다 하면서 공부하는 시늉만 하고 있는 건 아닌지 확인해야 한다.

초등 시기는 앞질러 가기보다 자기 학년 것을 충실히 익혀 공부 그릇을 다져 놓기만 해도 충분하다. 그래야 중학교 때부터 속도를 내어 달릴 수 있다. 초등 시절의 과도한 선행 학습으로 수학에 대한 부정적인 인식과 스트레스를 주는 것이 먼 미래를 내다보았을 때 과연 좋은 일인지 잘 판단해야 한다.

복습이든 예습이든 아이가 기준이다

빠르게 가야만 더 많이 공부할 수 있고, 아주 어려운 문제를 풀어야 수준이 높아질 수 있다고 생각하는 것도 문제지만 의외로 교과서 개념을 완벽하게 복습해야만 다음 단계로 넘어갈 수 있다는 강박 관념을 갖는 경우도 많이 본다.

복습이 중요하지만 이 세상에 완벽은 없다. 너무 복습에만 매달리다가 흥미를 떨어뜨리거나, 예습하고 싶다는 아이와 갈등을 겪는다는 고민도 많이 본다. 적당한 예습이 공부에 활기를 넣어 주기도 한다. 복습이든 선행 학습이든 그 기준은 '아이'여야 한다는 사실을 잊지 말자.

방학을 위한 초등 수학 문제집은 어떤 게 좋을까?

수학은 방학 동안 교과서와 문제집을 통해 복습과 예습을 하는 것이 좋다. 이때 어떤 문제집을 선택하면 좋은지 팁을 주고자 한다.

방학, 연산을 잡아라

수학은 연산을 위주로 부족한 부분이 없는지 확인하고 보충해 주는 게 가장 중요하다. 아무리 사고력이 중요하다고 해도 사고력의 시작은 연산이다. '초등 수학＝연산'이라고 해도 과언이 아니다. 연산을 잘해야 수학에 자신감이 생긴다. 3학년까지는 기본 연산을 배우기 때문에 방학을 활용해 빠르고 정확하게 계산하는 연습을 반복하는 게 좋다. 특히 취약한 연산을 집중적으로 연습시켜야 한다. 아이들이 유독 힘들어하는 연산이 있다. 곱셈은 잘하는데, 두 자리 수의 나눗셈이 약하다면 이것만 반복해서 푸는 것이다. 아이 스스로 이렇게 하기란 어렵다. 못하는 건 피하고 싶어지기 때문이다.

이때 속도 역시 대단히 중요하다. 연산은 잘하지만 속도가 느리다면 연산을 완벽하게 마스터했다고 할 수 없다. 이런 아이들은 다음 학년 때 수학을 헤매게 된다. 수학 머리가 좋아 응용문제도 척척 푸는 아이들 중에 유독 연산이 느린 아이를 보면 안타깝다. 이런 아이들은 시험처럼 시간이 정해져 있을 때는 실력 발휘를 하지 못한다.

수학을 복습한다는 의미는 전 학년(학기)에 배운 연산을 빠르고 정확하게 할 수 있도록 연습한다는 뜻이다. 매일 반복적으로 연습하여 수 감각을 길러 주자.

심화 문제집을 많이 풀수록 실력이 향상될까?

사고력, 즉 생각하는 힘은 무작정 어려운 문제를 푼다고 길러지는 것이 아니다. 쉬운 문제를 반복해서 풀어 개념에 대한 정확한 이해가 직관적으로 완성될 때 사고력이 생긴다. 어려운 문제는 바로 그때 도전해야 하는 것이다.

중간 정도 난이도의 문제집을 골라 반복하며 개념을 익히는 게 좋다. 수학은 어려운 문제라도 쉬운 개념 여러 개가 합쳐진 것이다. 심화 문제를 많이 풀어야 실력이 향상된다고 믿는 부모나 학원이 많은데, 지나치게 어려운 문제를 풀면서 시간을 낭비할 필요는 없다. 아이가 자주 틀리는 유형이나 어려워하는 유형의 문제들만 모아서 연습한다.

학교 시험에서 100점을 받기 위해 일부러 어려운 문제를 풀 필요는 없다. 학교 시험에는 평균적인 난이도의 문제가 나온다. 심화 문제를 많이 푼다고 평균 난이도의 문제를 잘 풀 수 있게 되는 것은 아니다.

심화 문제집 자체에 대해서도 생각해 봐야 한다. 아이 수준 이상의 것이 심화이므로 심화는 상대적이다. 아이 수준이 학교 수업을 따라가기 힘들다면 교과서가 심화가 될 수 있는 것이다. 문제집을 고를 때는 한 쪽당 정답률이 70퍼센트 이상이 되는 것이 적당하다. 이 수준의 문제집을 반복하여 틀리지 않게 푸는 게 수학의 복습, 예습 비법이다.

고학년 방학, 심화 문제에 도전해 보자

초등 심화 문제의 경우 다음 학년의 내용을 알면 쉽게 풀 수 있는 경우가 많다. 그러나 심화 문제는 대부분 과도하게 비틀어 놓거나 아직 배우지 않은 개념이 섞인 경우도 많아서 사실 시간 낭비에 가깝다. 하지만 고학년이 되었다면 심화 문제를 끙끙대며 풀어 보는 경험을 통해 어떻게 문제에 접근해 가는지 배우는 것도 좋다. 그 경험이 중고등학교 수학 문제 풀이에 도움이 될 것이다. 즉 아이가 고학년이면서 자기 학년의 기본 문제집을 두 권 이상 풀어 오답률이 적다면 심화 문제집에 도전해 봐도 좋다. 수학에 재능이 있는 아이라면 개념이 조금 심화되어도 잘 푼다. 이 경우 수학에 많은 시간을 투자할 필요는 없다. 그 시간에 책 읽기나 영어 공부를 하는 게 낫다.

아이에게 맞는 문제집이 따로 있다

문제집도 아이의 성향에 맞춰 고르면 좋다. 쉽게 포기하고 자존감이 약한 아이에게는 쉬운 문제집을 권한다. 쉬운 문제집을 통해 먼저 수학에 대한 자신감과 흥미, 공부 습관을 가지게 하는 게 중요하다. 만약 샀는데 난이도가 너무 어려워서 힘들어한다면 미련을 갖지 말고 문제집을 바꾼다.

시각적인 기억력이 좋은 아이에게는 시각적 배치가 좋은 문제집을, 청각적인 기억력이 좋은 아이에게는 인터넷 강의와 함께하는 문제집을 권하는 등 아이에게 맞는 문제집을 고르자.

방학 동안 영어 공부는
어떻게 시켜야 할까?

학부모님들께 방학이 되면 가장 고민되는 것이 무엇이냐고 물으면, 영어를 가장 많이 꼽는다. 언어 공부는 근본적으로 시간이 좌우한다. 그 언어를 쓰는 나라에 가서 부딪히며 배우지 않는 이상 상당한 시간을 투자해야 한다. 현재 초등학교에서는 3, 4학년은 일주일에 두 시간씩 5, 6학년은 세 시간씩 영어를 배운다.

나는 대학원에서 초등 영어 교육을 전공하여 때때로 영어 교육을 전담하곤 하는데, 공교육만으로 영어 실력이 일취월장하는 아이를 볼 때가 있다. 학교 수업만으로 기본적인 의사소통과 영어 읽기, 문장 쓰기까지 가능하다는 것을 보여 준 아이들 덕분에 공교육의 희망을 본 적도 있었다. 그럼에도 불구하고 사교육의 힘이 가장 많이 미치는 과목이 영어라는 것도 함께 경험했기에, 학교에서 공부하는 시간 외에도 가정에서 많은 신경을 쓸 것을 당부하고 싶다. 방학 때는 영어 실력 올리기 프로젝트를 해 보자. 예를 들어 영어책 열 권 읽기, 영어책 오디오 열 번 듣고 외우기, 영어 단어 100개 외우기, 영어 이야기 열 번 듣기, 영어 일기 열 편 쓰기와 같은 것들을 하는 것이다. EBSe에 좋은 영어 프로그램이 많다. 심지어 무료이다. 방학 동안 EBS 영어 프로그램 하나를 마스터하는 것도 좋겠다. 영어는 꾸준함이 가장 중요하지만 단기간에 많은 시간을 투자하면 그만큼 실력이 훌쩍 올라간다.

영어 공부의 시작은 많이 보고 듣기

일단 영어가 출력(output)되려면 입력(input)이 있어야 한다. 최대한 환경을 만들어 영어 노출 시간을 늘려 주는 게 중요하다. 영어 오디오 파일이나 영어 비디오를 자막 없이 틀어 놓으며 외출 준비를 하는 것도 도움이 된다. 공부한다는 느낌보다는 부담 없이 논다는 느낌으로 듣게 한다. 물론 처음에는 우리말로 자막을 보고 싶어 하며 지겨워할지도 모른다. 그러나 반복해서 듣거나 보는 사이 이야기 맥락상 이런 뜻이겠구나, 저런 뜻이겠구나 추측하는 힘이 길러진다. 자기도 모르게 따라 하기도 한다. 자연스럽게 영어 표현을 알게 되고 발음이 좋아진다. 물론 이 정도까지 되려면 반복해서 여러 번 보고 들어야 한다. 단 '아이가 재미있어할 정도까지만!'이라는 단서가 붙는다.

무조건 오랫동안 틀어 놓는다고 아이의 영어 실력이 훅훅 느는 것은 아니다. 영어 듣기에 제법 익숙해졌다면, 정확히 확인하는 시간을 가져야 한다. 충분히 듣고 추측한 후, 영어 자막이나 영어책을 눈으로 함께 보면서 오디오 파일을 듣는 것이다. 눈으로 문자를 보고, 귀로 소리를 들으며 소리와 문자를 대응시킨다. 입력이 충분하면 영어가 자연스럽게 출력된다. 자꾸 듣고 보니 어느 순간 문장이 튀어나오는 것이다. 문법책으로 공부했다면 쉽게 나오지 않았을 문장들이 수없이 들은 아이한테는 자연스럽게 나온다.

하지만 영어를 들으며 영어책을 보는 것은 쉬운 일이 아니다. 처음에는 10분만 해내도 대단하다. 아주 조금씩 늘려 나가자. 이때 엄마가 함께하면 아이에게 동기 부여가 된다.

어떤 영어 학원이 좋을까?

아이의 수준에 맞는 영어 동화책, 애니메이션, 프로그램을 골라 주고, 같이 들으며 확인해 주는 작업은 웬만한 정성으로 할 수 있는 일이 아니다. 곁에 있는 부모가 아이의 수준을 파악하여 격려하며 이끌어 주는 것이 가장 좋지만, 그것이 힘들다면 영어 학습지나 학원을 이용해도 좋다.

　이때 남들이 좋다고 하는 학원을 선택하기보다 자연스럽게 영어를 접할 수 있도록 해 주는 곳인지 엄마가 직접 커리큘럼을 꼼꼼히 따져 골라야 한다. 동네마다 인기 있는 영어 학원이 있다. 우리 반 아이들이 상당수 다니고 있는 유명 학원이 있어 유심히 살펴보니 영어 단어 암기와 문법 위주의 수업을 진행하고 있었다. 나는 아직도 이런 학원이 인기 있다는 사실에 무척 놀랐다. 물론 이런 학원이라도 안 다니는 것보다는 영어 실력이 는다. 하지만 아이들이 영어에 질릴 수 있다는 것과 아이의 영어 실력 향상에 한계가 있다는 것이 단점이다. 단어 암기나 문법이 불필요하다는 뜻이 아니다. 다만 이를 익히는 시기가 중요하다. 아이의 영어 그릇에 영어 표현이 차고 넘쳐 자연스럽게 흘러나오는 이상적인 교육법을 먼저 시도해 보자. 그리고 아이의 발달 과정상 충분히 받아들일 수 있고 그동안 접한 영어 문장에서 문법 요소를 생각해낼 수 있을 때 문법을 가르치자.

　반에서 영어를 잘한다는 아이들은 그 인기 학원에 다니고 있지 않았다. 엄마가 소신 있게 스토리북 위주의 영어 학습지로 꾸준히 가르치고 있었다. 영어 원서를 읽고 있는 아이 역시 마찬가지였다. 영어책 읽기와 듣기로 매일 꾸준히 영어에 노출되고 있었다.

문법은 언제 가르쳐야 할까?

영어가 모국어이거나 영어 환경에 충분히 노출된 상황이라면 문법을 배우지 않아도 된다. 하지만 국내에서 이런 환경을 만들어 주기란 힘들기 때문에 문법 교육도 반드시 필요하다. 문법은 가르치느냐 마느냐의 문제가 아니라 어떤 내용을, 언제 가르쳐야 하느냐의 문제라고 생각한다.

당연한 말이겠지만 쉽고 모국어와 비슷한 문법일수록 빨리 배운다. 그래서 처음에는 예외가 없고 간단하며 자주 사용하는 문법을 가르치는 것이 효과적이다. 복수에는 '~s'가 붙는다거나, '~하고 있는 중이다'에는 '~ing'가 붙는다 같은 문법을 많이 듣고 보면서 자연스럽게 익히도록 한다. 사이사이 헷갈려하는 내용만 명시적으로 설명해 주고 예를 풍부하게 들어 준다. 하지만 to부정사, 관계 대명사와 같은 어려운 문법 요소를 너무 어릴 때 가르치면 아무리 설명해 줘도 이해하지 못한다. 아이가 인지적인 발달이 충분히 이루어진 고학년쯤 되어야 어렴풋하게 이해한다.

따라서 문법 교육은 6학년 때 시작하는 게 이상적이다. 이 시기는 문법적인 설명이 오히려 어려운 개념의 이해를 돕고 학습 속도를 가속시킨다.

국어 능력이 영어 실력이다

책 읽기가 습관이 되지 않으면 영어 수준이 올라가더라도 유리 천장에 막힌 듯 더 이상 성장하지 못한다. 한글책을 좋아하는 아이가 영어책도 좋아한다. 국어 능력이 떨어지는데 영어를 잘할 것이라고 기대하는 것은 말도 안 되는 일이다.

국어 능력이 뛰어난 아이는 영어를 늦게 시작해도, 실력이 금방 오른다. 책을 읽으면서 언어 감각을 다져 놓았을 뿐만 아니라 배경지식이 풍부해 영어책도 쉽게 이해하기 때문이다.

온라인 캠프도
괜찮을까?

방학이 다가오면 각종 캠프 광고문을 여기저기에서 볼 수 있다. 무슨 캠프가 그렇게 많은지, 캠프를 보내라고 방학이 있는 것만 같고, 방학이 아니면 저런 경험은 할 수 없을 것 같다.

그중에서도 단연 눈에 띄는 건 영어 캠프로, 국내로 가는 캠프가 있고 해외로 가는 캠프가 있다. 최근에는 온라인 캠프까지 더해졌다. 한 과목을 집중적으로 공부하며 몰입을 경험해 볼 수 있다는 장점도 있지만, 그 캠프가 정말 아이에게 도움이 되는지, 마케팅에 넘어가 비싼 가격만 지불하는 것은 아닌지 잘 생각해 보아야 한다.

해외 어학연수의 진실

어릴 때 나는 방학을 활용해 한 달간 영국으로 어학연수를 간적이 있다. 누구나 해 보기 어려운 문화 체험을 하고 다양한 친구들을 만날 수 있어서 좋았지만 솔직히 말하면 영어 실력 향상에 도움이 된 것은 아니었다. 오히려 한국에서 학습지를 풀고 학원에 다니면서 실력이 늘었다.

외국에 나가서 장기간 살지 않는 이상 단기 어학연수나 영어 캠프로는 별 효과를 보지 못한다. 한국에서 열심히 영어 공부를 한 아이들보다 못한 경우가 많다. 수많은 영어 문장 구조와 어휘에 익숙해져서 그것을 사용해 보고 문화를 체험하며 경험을 늘리는 차원이라면 가도 좋다. 그게 아니라 영어 실력을 늘리고 싶어서라면 무리해서 해외 영어 캠프를 보낼 필요가 없다. 차라리 국내 영어 캠프를 먼저 경험시켜 보거나 영어책을 한 권 더 읽히는 게 도움이 된다.

아이의 발달을 알아야 캠프도 효과적이다

물론 영어 캠프에서 자극을 받아 열심히 공부하는 아이들도 있다. 프로그램이 매우 다양하고 알찬 캠프들도 상당히 많다. 한 번쯤은 가볼 만하다. 하지만 아이가 원하지 않는데 공부를 시킬 목적으로 억지로 보내 놓으면 얻을 수 있는 효과는 없다고 봐야 한다. 항상 모든 것의 판단 기준은 아이여야 한다. 아이의 수준이나 흥미보다 과잉된 성취 압력은 아이의 자기 효능감을 낮춘다. 하지만 발달 수준에 맞고 적절히 흥미를 돋우는 성취 압력은 아이에게 긍정적으로 작용한다. 해외 캠프든 국내 캠프든 인성 캠프든 영어 캠프든 캠프를 결정하기 전에 아이와 대화하자. 이런 종류의 캠프들이 있는데 참여하고 싶은지, 어떤 것에 참여하면 좋을지 말이다. 만약 국내 영어 캠프를 선택했다면 영어 학습에 전문적인 기관인지, 강사진은 어떤지, 교육 프로그램이나 식단은 어떤지 꼼꼼히 확인한다. 그리고 엄마의 필요나 욕심에 의한 캠프는 아닌지 다시 한번 생각해 보자.

체험, 인성 위주의 캠프를 선택할 때 고려할 점

방학은 평소에 하기 어려웠던 다양한 것들을 경험할 절호의 시간이다. 그런 의미에서 도시 아이들이 농촌 체험을 하거나 밤하늘의 별을 관찰하고 우주의 신비를 맛보는 과학 캠프에 참여하거나 절제력과 예의범절을 배우는 인성 캠프에 가는 것은 좋다고 생각한다. 이때 몇 가지만 고려한다면 금상첨화겠다.

우선 캠프를 보내는 목적을 분명히 해야 한다. 아이에게 새로운 친구를 사귈 수 있는 기회를 만들어 주려고 하는 것인지, 새로운 분야에 대한 관심을 넓혀 주려고 하는 것인지 말이다. 그리고 아이의 성향을 꼭 살펴야 한다. 내성적인 아이는 캠프가 힘들 수 있다.

이와 더불어 아이의 발달 단계와 관심 분야를 고려해야 한다. 저학년은 자연을 즐기는 캠프가 좋다. 학년이 낮을수록 지도 교사 한 명당 담당 인원이 많지 않은 곳이어야 한다. 다음 학년의 사회나 과학 교과서를 살펴보고 경제 관련 내용이 나오면 경제 캠프로, 역사 관련 내용이 나오면 역사 캠프로, 과학에서 지구과학 내용이 나오면 천문 캠프로 학습과 연계해서 가는 것도 좋다. 또 아이가 특히 흥미로워하는 분야가 있으면 캠프를 통해 보다 깊게 탐구하고 체험해 보게 하는 것도 좋다.

기업이나 각 시도 교육청, 동네 도서관에서 무료로 진행하는 캠프와 프로그램도 많으니 아이와 상의해 참여해 보자. 엄마들이 자주 이용하는 인터넷 카페나 체험 프로그램을 자주 올리는 블로그에 종종 좋은 정보가 소개되니 참조하자.

학교에서 진행되는 캠프는 영어 캠프라든가 과학 캠프 등이 있다. 짧게는 며칠, 길게는 일주일 정도 진행되는 캠프로 가격도 저렴하기 때문에 적절하게 활용하면 좋겠다.

◆ 참고할 만한 무료 캠프

- 한국은행 경제캠프 – www.bok.or.kr
- 어린이 외교관 학교(외교사료관 주최) – diplomaticarchives.mofa.
  go.kr
- 미래에셋 우리아이 경제박사캠프 – child.miraeasset.com/event/
  camp.jsp
- 어린이 법탐험 캠프(솔로몬파크) – solomondj.lawnorder.go.kr(대
  전, 부산에만 있으나 온라인 캠프도 진행한다.)
- 교육기부포탈 – www.teachforkorea.go.kr

온라인 캠프는 어떻게 활용할 것인가

그야말로 온라인 시대가 되면서 다양한 캠프가 온라인으로 전
환되었다. 온라인 생활의 장단점은 분명하다. 내 경우, 직접 가서
강연했던 부모 교육들이 온라인으로 전환되었다. 더 먼 지역에 있
는 부모님들도 만날 수 있게 되었고 참여자의 수도 더 많아졌다.
사실 아이를 맡기고 내 아이를 잘 키우기 위한 교육을 들으러 시
간 내어 나온다는 것은 쉬운 일이 아니다. 아이 밥도 챙기고, 공부
도 챙기고, 엄마 손이 가야 하는 일이 잔뜩인데 시간 맞춰 나와 강
연을 듣는다는 것은 엄청난 노력과 에너지가 소모되는 일이다. 그

걸 알기에 나도 강연할 때마다 그 시간이 아깝지 않게 해야겠다는 부담감이 굉장히 크다. 그러던 것이 온라인으로 강연이 전환되면서 오가는 시간을 아끼고, 집에서 집안일을 하면서 혹은 아이 공부를 챙기면서 들을 수 있게 되니 부모님들이 부담 없이 참여할 수 있게 되었다.

캠프 역시 마찬가지이다. 멀리 가야 하거나 비용이 상당했던 캠프들을 온라인으로 참여하면 더욱 간편하고 저렴하게 참여할 수 있다. 하지만 캠프의 제맛은 집을 떠나, 가족 아닌 사람들과 지내면서 하나의 주제에 몰입해서 배우는 것이기에 그 효과가 조금 줄어들 수는 있겠다. 성인만 해도 대면으로 수업을 듣는 것과 비대면으로 수업을 듣는 것에 차이가 큰데 아이들은 오죽할까. 이미 학교며 학원이며 질리도록 온라인으로 수업을 들었는데 또 온라인 캠프라니, 지루할 법도 하다. 학교에서 온라인 수업의 비율이 높아질수록 가정에서는 아날로그 공부의 비율이 더 많아져야 한다. 책을 읽고, 대화를 하고, 글을 쓰고, 손으로 글씨를 쓰고, 만들고, 색칠하는 공부가 디지털과 아날로그의 조화를 가져올 수 있다. 따라서 이미 온라인으로 공부하는 시간이 많다면 굳이 온라인 캠프에 참여하며 온라인 공부 시간을 늘릴 필요는 없다고 본다.

그렇다고 해서 온라인 캠프가 효과가 없다는 말은 아니다. 학습에 있어서 가장 중요한 것은 환경의 설계라고 생각한다. 환경의 설계는 공부할 분위기를 만들어 주는 것뿐만 아니라 '공부 재료'의 준비도 포함한다. 예를 들어 우리 아이가 곧 한글 익히기 단계로 들어간다면 글자 자석, 한글 플래시 카드, 한글 스티커북, 한글 색칠 놀이 등을 미리 준비해 놓고 아이의 반응이 오는 때를 기다리는 것이다. 또 아이의 영어 수준이 a라면 a+1 수준의 영어책을 미리 구매해서 책장에 꽂아 놓고 한 번씩 아이에게 내밀며 반응을 확인하는 것, 환경 문제에 관심을 갖게 하고 싶다면 환경 문제와 관련된 다큐멘터리, 환경 관련 책과 같은 자료를 준비해 세팅해 주는 것, 수학적 사고력에 관심을 갖게 하고 싶다면 수학 동화, 수학 교구, 수학 학습지와 같은 자료를 준비해 주는 것처럼 아이가 접했으면 하는 다음 단계의 공부 재료를 미리 준비해 세팅하는 것이다. 이것은 엄마표 학습에서 매우 중요한 부분이다.

온라인 캠프도 그 재료의 하나로 이용하면 좋겠다. 우리 아이가 항공 우주에 관심을 갖는 기미가 보인다거나 다음 학기 과학에 나올 우주에 몰입해 공부하길 바란다면 항공 우주 관련 온라인 캠프를 신청하는 것이다. 그리고 캠프에 참여하면서 관련 책도 읽고, 캠프에서 함께하는 활동도 해 보고, 관련 영상도 보도록 준비해 주는 것이다. 온라인 캠프의 주제가 내 아이에게 꼭 필요한 주제라면 참여해 보자.

글쓰기 숙제를
어떻게 도와줘야 할까?

방학 숙제, 해야 할 것도 많은데 꼭 이런 걸 아직까지 해야 하나 싶다. 하지만 30년 차 윤선희 선생님은 "방학 숙제는 꼭 다 해야 한다."고 강조한다.

"방학 숙제를 손도 안 대고 오는 아이들이 있어요. 요즘은 방학 숙제도 줄어서 일기, 책 읽고 독서록 쓰기, 선택 과제가 전부인데도 말이에요. 방학은 학교에서의 교육이 가정으로 옮겨 가는 시기예요. 계획을 세워 방학 숙제를 충실히 하여 공교육을 통해 얻을 수 있는 것을 놓치지 않았으면 해요."

학교에서 쓸데없는 것을 시킨다고 하기보다 꼭 필요한 것만 숙제로 내주었다고 생각하면서 아이와 숙제를 해 보면 좋겠다.

나는 방학이면 아이들이 제일 귀찮아하는 일기 쓰기를 꼭 과제로 내 준다. 당장은 쓰기 싫어도 어른이 되어 그 일기장을 다시 보았을 때 잊고 있던 소중한 기억들이 스멀스멀 떠올라 참으로 따뜻해지기 때문이다. 그래서 나는 아이들에게 "『조선왕조실록』은 왕 옆에서 왕이 했던 말, 그 당시 있었던 일을 기록해 둔 거예요. 선생님에게는 『서윤왕조실록』이 있어요. 선생님이 어렸을 때 있었던 일을 기록해 둔 일종의 역사서지요. 우리 친구들도 일기장 앞에 『○○왕조실록』이라고 이름 붙여서 자신의 역사를 기록해 보세요. 어른이 되어서 보면 엄청 재미있을걸요?"라고 말하며 일기 쓰기를 북돋는다.

　일기는 글 쓰는 기술만이 아니라 생각을 넓혀 주고, 관찰력을 키워 준다. 아이들이 일기를 쓰기 싫어하는 이유는 쓸 게 없어서이다. 아이들은 사소한 것도 일기의 주제가 될 수 있다는 것을 모른다. 친구와 놀았다면 단순히 "친구와 얼음땡을 하고 놀았다. 참 재미있었다." 이렇게 쓴 뒤 더이상 쓸 게 없다고 한다. 생각을 키우는 일기를 쓰게 하기 위해서는 다음처럼 질문을 해 소재를 찾을 수 있도록 도와주면 좋다.

　"오늘 기억에 남는 일이 무엇이니? 친구랑 뭐 하고 놀았어? 얼음땡 놀이는 어떻게 하는 거야? 놀면서 어떤 일이 있었어? 그때 무슨 생각이 들었어?"

　이런 질문을 통해 아이는 자신의 생각을 좀 더 구체적이고 생생하게 끄집어낼 뿐만 아니라 논리적인 힘도 기르게 된다.

제대로 된 일기를 몇 번이라도 써 보면 일기 쓰기가 훨씬 나아지는 것을 알 수 있다. 방학 때 미션 일기 쓰기를 연습해 보자. "엄마랑 방학 때 딱 다섯 번만 일기 쓰기를 연습하자." 하고 아이와 협의 후에 시작하면 더 좋겠다. 미션의 내용은 다음과 같다.

첫째, 대화 글을 두 줄 이상 쓴다. 따옴표로 대화 글을 넣으면 글이 훨씬 생생해진다. 예를 들어 '친구와 축구를 했다.'는 문장을 '"서윤아, 축구하자." 재성이의 말에 함께 운동장으로 갔다.'로 바꾸는 것이다.

둘째, 소리를 흉내내는 말(의성어)이나 모양을 흉내내는 말(의태어)을 넣는다. 의성어나 의태어를 넣으면 '아삭아삭 사과'처럼 글이 생동감 있다. 의성어, 의태어 목록을 만들어도 좋다.

셋째, 감정을 나타내는 말을 다양하게 쓴다. 보통 일기장에 나오는 감정어는 "참 재미있었다." "짜증 났다."가 대부분이다. 다양한 감정어를 알고 있으면 내 감정에 대해서도 세분화해서 파악할 수 있다. 감정어 목록을 직접 만들어도 좋고 '초등 생활 처방전' 네이버 카페에 감정 사전 파일을 올려 두었으니 그것을 아이의 일기장에 붙여 두어도 좋다.

넷째, 일기를 들은 사람이 더 궁금한 것이 없도록 자세하고 구체적으로 쓴다. 아이가 일기를 써 오면 그 일기에 드러나지 않은 것들을 물어본다. 그리고 그것들이 모두 들어가게 일기를 써 오라고 한다.

다섯째, 열 줄 이상 채운다. 분량을 채우는 연습을 해야 내용도 풍부해지고 구체적으로 쓰게 된다.

일기를 써 오면 미션을 성공한 부분이나 부모님이 보기에 멋진 표현에 동그라미를 해 주며 칭찬을 많이 하자. 그리고 꼭 일기라고 해서 그날 있었던 일만 써야 하는 것이 아님을 알려 주자. 아이가 쓸 게 없다고 하는 날에는 요즘 선생님들이 많이 하는 '주제 일기 쓰기'를 시키자. 신선하고 재미있는 내용이 나올 것이다.

주제 일기 예시

- 내가 살고 싶은 집을 상상하여 소개하기
- 내가 가장 좋아하는 TV 프로그램 소개하기
- 나의 매력 포인트 소개하기
- 내가 꼭 가고 싶은 세 곳은?
- 요술 램프가 주어진다면 빌고 싶은 소원 세 가지는?
- 내가 좋아하는 물건 세 가지 소개하기
- 30년 후 나의 자식에게 편지 쓰기
- 내 태몽을 듣고 느낀 점을 쓰기
- 내가 선생님이라면 이렇게 할래요
- 내가 부모님이라면 이렇게 할래요
- 오늘 하루 어른이 된다면?

- 내가 투명 인간이 된다면?

- 내가 죽기 전 남기는 유서 쓰기

- 내 양말을 빨아 보고 느낀 점 적어 보기

- 내가 1박 2일 PD라면 어디로 떠나고 싶은가?

- 가족 중 한 명을 관찰하여 써 보기

- 이 친구와 친해지고 싶어요

- 내가 가장 좋아하는 것과 가장 싫어하는 것

- 내 인생의 멋진 세 가지 순간

- 나만의 비밀을 털어놓기

- 부모님께 과일 깎아 드리고 느낀 점 쓰기

- 내가 교과서를 새로 만든다면 어떤 과목을 만들고 싶은가?

- 나만의 놀이를 만들어 친구에게 소개해 본다면?

- 타임머신을 타고 간다면?

- 내 영혼을 누군가와 바꿀 수 있다면 누구와 바꾸고 싶은가?

- 세상에서 가장 무서운 공포 소설을 써 본다면?

한편 아이들은 책 읽기도 힘들어하지만 책을 읽고 독서록을 쓰는 것은 더 힘들어한다. 일단 독서록에 무슨 내용을 쓰면 좋을지 몰라서 줄거리만 가득 쓴다. 독서록에 들어갈 내용을 알려 주고, 형식을 바꿔서 쓰게 하면 아이들은 훨씬 재미있게 글을 쓴다.

독서록에 들어가면 좋을 내용

• 인상 깊은 구절이나 내용

• 책 내용과 관련된 자신의 경험

• 새로 알게 된 사실

• 책을 읽고 궁금해진 내용

• 나였다면 어떻게 했을까?

• 자신의 행동 돌아보기

• 앞으로의 계획

다양한 독서록 작성 방법

• 읽으면서 좋은 구절 쓰기

• 책 속의 주인공에게 편지 쓰기

• 책 속의 주인공에게 상장 주기

• 뒷이야기 상상하여 쓰기

• 독서 퀴즈 만들어 풀기

• 책 홍보하는 광고 전단지 만들기

• 동시로 독서록 쓰기

• 책 내용을 만화로 표현하기

• 책 속의 주인공을 인터뷰하기

• 책 내용을 신문 기사로 쓰기

전 과목 다
복습, 예습해야 할까?

우리는 시간과 에너지가 부족하니까 가장 효율적인 방법을 찾아야 한다. 수학, 사회, 과학은 복습하는 것이 좋다. 그중에서도 수학의 비율이 더 높다고 생각한다. 수학 복습에 관한 이야기는 이미 앞에서 강조했다.

사회와 과학은 교과서의 목차를 보자. 그리고 큰 단원별로 하나씩 마인드맵을 만들자. 만약 학기 중에 만든 게 있다면 그 마인드맵을 다시 보고 머릿속으로 떠올리며 복습해도 좋다. 보통 사회는 한 학기에 두세 단원 정도가 있고 과학은 다섯 단원 정도가 있으니 단원의 개수만큼 마인드맵을 그린다고 생각하면 된다. 큰 가지로 중요한 개념을 다시 떠올려 보는 것으로도 충분하다.

복습할 때, 완벽해야 한다는 강박관념은 갖지 않아도 된다. 중요한 개념을 이해하고 넘어가면 된다. 아이의 수준에 따라 다르겠지만 일주일 정도 복습하고 예습으로 넘어가자, 정도로 생각하면 된다.

예습은 수학만 한다. 국어와 사회, 과학, 영어는 독서를 하거나, 체험 학습을 통해 세상을 이해하는 스키마(배경지식)를 넓히는 것으로 예습을 대신한다. 군이 교과서를 미리 보고, 문제집을 미리 풀고, 강의를 미리 들으며 예습할 필요가 없다는 말이다. 교과서와 문제집을 볼 시간에 독서를 하는 게 낫다. 교과서를 보고 싶다면 '아, 이런 내용이 있구나.' 하고 훑어 살피면 된다.

수학은 예습을 통해 공부에 활기를 불어넣어 줄 수 있다. 아주 얇고 쉬운 문제집으로 한 번 훑는다고 생각하자. 한 학기에 수학은 여섯 단원이다. 만약 아이가 조금 어려워한다면 여섯 단원을 모두 끝낸다기보다 앞에 세 단원 정도만 예습하고 마음의 준비를 한 후, 새로운 학기를 시작하면 된다.

PART3

최고의 교사들이 알려 주는
1학년 방학 공부법
: 생활 습관, 읽기 독립

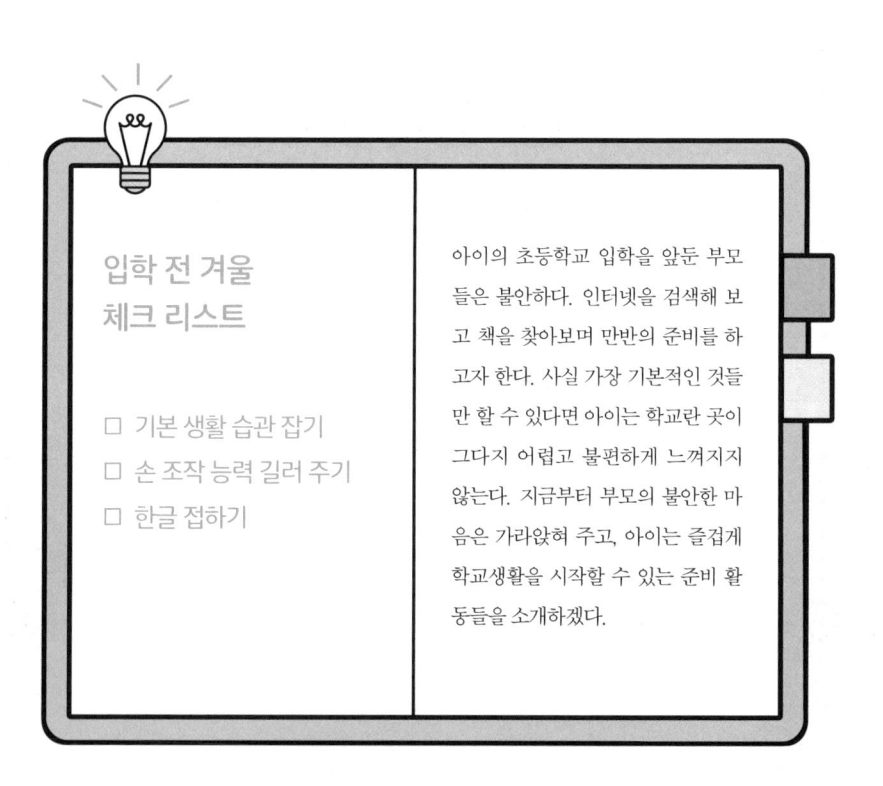

입학 전 겨울
체크 리스트

☐ 기본 생활 습관 잡기
☐ 손 조작 능력 길러 주기
☐ 한글 접하기

아이의 초등학교 입학을 앞둔 부모들은 불안하다. 인터넷을 검색해 보고 책을 찾아보며 만반의 준비를 하고자 한다. 사실 가장 기본적인 것들만 할 수 있다면 아이는 학교란 곳이 그다지 어렵고 불편하게 느껴지지 않는다. 지금부터 부모의 불안한 마음은 가라앉혀 주고, 아이는 즐겁게 학교생활을 시작할 수 있는 준비 활동들을 소개하겠다.

혼공 시대 더욱 챙겨야 할
공부의 기초

1학년 때 가장 중요한 것은 '기본'이다. 선생님들은 부모들이 바빠서 가정에서 배워야 하는 가장 기본적인 것들을 놓칠 때가 있다고 말한다. 음식 골고루 먹기와 용변 가리기와 같은 기본적인 것도 안 되어 있는 아이들이 있다는 것이다. 이 외에도 엄마 품에서 충분히 인성과 태도를 배우지 못해 정서적으로 대응하는 사회성이 떨어져 친구 관계를 힘들어하는 아이, 산만하고 의사 표현에 서툰 아이 등 기본적인 것들을 갖추지 못한 아이가 많다.

분명히 예전보다 아이에 대한 부모들의 관심은 높아졌는데 노력은 줄어든 느낌이다. 물론 온라인 수업으로 혼자 공부하는 시간이 많아지는 등 여러 이유가 많을 것이다. 다만 초등학교 입학을 앞둔 시점이라면, 꼭 다음 사항들을 체크하고 준비시켜 아이가 학교생활에 잘 적응할 수 있도록 도와야 한다.

기본 중의 기본, 배변 훈련

배변 훈련은 입학 전에 꼭 완벽하게 준비되어야 한다. 볼일을 본 뒤 잘 닦지 못해 바지를 내리고 오거나 냄새를 풍기는 아이, 화장실 물을 제대로 내리지 못하는 아이 등 1학년을 가르칠 때면 웃지 못할 일이 많이 생긴다. 요즘 아이들은 집에서 비데가 있는 양변기를 사용하다 보니 다른 형태의 변기 사용에 익숙하지 않다. 다른 변기를 사용하는 법, 화장지로 닦는 법 등을 미리미리 가르쳐야 아이가 학교생활에 적응하는 데 도움이 된다.

화장실을 제때 못 가서 혹시라도 바지에 실수를 하게 되면 아이는 친구들의 놀림을 받고 학교생활에 자신감을 잃을 수 있다. 아침에 일어나서 대변을 보는 습관을 들이고 쉬는 시간이면 화장실에 가고 싶지 않아도 다녀오라고 말해 주어야 한다. 수업 시간에 화장실에 가고 싶은데 선생님이 무섭거나 친구들에게 창피해서 말을 하지 못하고 참다가 바지에 소변을 보는 아이들이 있다. 아이가 내성적이라면 "쉬는 시간에 화장실에 다녀와야 하는 게 맞지만 너무 급하면 수업 시간일지라도 손을 들고 화장실에 가고 싶다고 말해야 해."라고 가르쳐 주어야 한다. 혹시 불안한 마음이 크거나 아이가 화장실 가는 것에 스트레스를 받는다면 여분의 옷을 챙겨 아이의 교실 사물함에 넣어 둘 것을 추천한다.

골고루 먹는 식습관

채소나 김치, 국을 전혀 안 먹고 편식하는 아이가 많다. 그런 아이들은 밥 먹는 시간이 늦어지고, 친구들과 비교되니 아이 스스로 스트레스를 받는다. 균형 잡힌 영양소 섭취와 올바른 식습관 교육이 중요한 시기인 만큼, 입학 전부터 훈련을 해야 한다.

특히 선생님들이 입을 모아 이야기하는 것이 젓가락 사용에 대한 것이다. "1학년 아이들은 급하면 손으로 음식을 집어 먹어요. 1학년에서 수족구나 볼거리가 많이 발생하는 이유예요. 면역력도 약하지만 아이들이 손으로 음식을 먹거나 코를 파고도 손을 씻지 않고 그걸 입에 자주 넣어서 그래요. 젓가락질을 연습해 와서 밥을 먹을 때 불편함이 없도록 해 줘야 해요."

어떤 부모는 따로 포크를 챙겨 주기도 하는데, 친구들이 젓가락을 사용할 때 같이 배우는 것이 좋다. 사소한 것 같지만 젓가락질이 사람의 품격을 드러내는 요소가 되곤 한다.

예절 교육

아이의 인성은 가정 교육에서 나온다. 평소 배려심이 많고 의사 표현에 능숙하며 고운 말을 쓰는 아이들의 부모님을 만나게 되면 '아, 이래서 그 아이의 행동이 그렇게 예뻤구나.' 하는 생각이 절로 든다. 어른의 말에 경청하기, 두 손으로 받기, 존대어 쓰기, "안녕하세요." 하고 밝고 크게 인사하기 등 기본적인 예의에 서툰 아이가 많다. 평상시 집에서 존대어를 쓰게 하여 아이가 선생님에게 올바른 존대어를 쓸 수 있도록 가르치자.

또 실내에서 뛰지 않고 걸어 다니기, 몸 장난 하지 않기, 친구 놀리지 않기 등 사소하지만 공동체 생활을 위해 지켜야 할 규칙들도 가정 교육과 무관하지 않다.

스스로 정리하는 습관

학교에서는 책상과 사물함을 스스로 정리해야 한다. 정리 정돈에 서툰 아이들은 교과서 준비부터 학교생활 전반에 지장이 생긴다. 따라서 가정에서부터 정리 정돈을 연습할 필요가 있다. 대신해 주는 것이 훨씬 빠르겠지만, 느릴지라도 아이 스스로 정리하는 습관을 들여야 한다. 정말 사소한 듯 보이지만 대단히 중요한 기본 습관이다.

학교에서 돌아와 옷을 갈아입고 다음날 공부할 책을 준비해 두기, 쉬는 시간에 다음 시간에 공부할 교과서 꺼내 놓기, 미리 집에서 연필 깎아 오기, 안내장 챙기기 등 이 모든 것이 스스로 정리하는 습관에 포함된다. 조금 서툴지라도 칭찬으로 의욕을 북돋워 주면서 외출 후 갈아입은 옷 스스로 정리하기, 책가방 혼자 챙기기부터 시작해 보자.

의사 표현을 분명히 하는 연습

자기 생각을 잘 표현하지 못하면 아이 입장에서 억울한 일을 당할 수도 있고, 또 일이 생겼을 때 가정에서 선생님이나 친구의 잘못이라고만 생각하기 쉽다. 선생님들은 의사 표현을 제대로 하지 못하는 아이들을 볼 때면 걱정스러움과 답답함이 공존한다. 게다가 '~다요'처럼 이상한 어미로 끝나는 문장, 너무나도 아기 같은 말투, 올바르지 않은 어휘 등 표현상 문제가 있는 경우도 많은데, 이러한 문제의 원인은 아이가 내성적이고 소심해서가 아니다.

이런 아이들을 위해 가정에서 할 수 있는 가장 쉬운 방법은 자기소개를 연습시키는 것이다. 자기소개를 어려워하는 아이들이 상당히 많은데, 이를 해 본 아이와 안 해 본 아이의 차이는 상당하다.

손 조작 능력 키워 주기

저학년 교과 과정에는 쓰고, 색칠하고, 만들고, 오리는 활동이 많다. 이 활동들은 모두 감각 운동 기능과 연관되는데, 뇌를 자극해 공부를 잘할 수 있는 뇌로 발달시킨다.

"손 조작 활동은 학습과 관련되기 때문에 저학년에서 중요하게 다루는 교육 과정이에요. 손 조작 능력은 소근육을 발달시키는 것인데 만들기, 실뜨기, 공기놀이, 찰흙 놀이, 레고 만들기, 종이접기, 스티커 놀이, 색칠 놀이가 특히 좋아요. 1학년 때 그러한 활동이 많다 보니 의외로 조작 활동이 아이의 자존감 형성에까지 영향을 미치더라고요."

한편 1학년 선생님들은 최근 연필을 이상하게 잡는 아이들이 많아졌다며 우려를 표한다. 손가락에 힘이 없는 너무 어린 시절부터 연필을 많이 잡다 보니 잘못된 습관이 든 것이다. 입학 전, 글씨 쓰기보다 다양한 놀이를 통해 손 조작 능력을 키워 주기를 바란다.

한글 교육,
어디까지 해야 할까?

　한글 교육, 시켜야 할지 말아야 할지 고민이다. 요새는 학교에서 한글을 체계적으로 가르친다고 하지만, 부모는 의구심이 생긴다.

　"정말 한글 안 가르쳐도 돼요? 다른 아이들은 한글을 다 떼고 올 텐데, 선생님들이 제대로 가르쳐 주지 않으면 어떡해요?"

　이렇게 묻는 사람이 많다. 그런데 한글 교육을 하지 말라고 해서 정말로 손 놓고 아무것도 안 할 수 있을까? 38년 경력의 온민영 선생님은 입학 전 한글 교육에 대해 이렇게 말한다.

　"아이들은 호기심이 많아서 빠른 아이들은 다섯 살부터, 대개는 예닐곱 살부터 글자에 자연스럽게 관심을 가져요. 엄마 아빠가 아이와 함께 책을 읽고, 길거리를 다니며 보이는 간판에 대해 이야기를 나누며 이건 이런 글자야, 이건 이런 뜻이야 하고 설명해 주면 아이들은 간접적으로 글자 교육을 받게 돼요. 자연스럽게 소리와 글자의 대응을 어느 정도 익히고 학교에 들어오게 되는 거죠. 한 글 교육을 안 시켜도 된다고 해서 아이의 호기심을 무시하고 가르치지 않을 필요는 없어요. 무리해서 가르치지 말라는 의미일 뿐이죠. 한글을 잘 모르고 들어온 아이들도 한 학기가 지나면 모두 깨우쳐요. 물론 그때까지도 한글에 서투른 아이들이 한 반에 한두 명 정도 있는데, 그 아이들에게는 특별히 더 많은 관심을 기울여 줘야 해요. 부진한 아이일 수 있거든요. 하지만 대부분의 아이는 걱정하지 않아도 따라오게 되어 있어요."

한글 교육을 하지 말라는 것은 학교에서 모든 책임을 진다는 뜻이 아니라 6~7세 이전에 학습지를 시켜 가며 무리하게 한글을 가르칠 필요가 없다는 의미이다. 문법과 철자를 익히는 데 활용되는 좌뇌는 3세 이후부터 발달하기 시작해 7세 이후로 본격적으로 발달한다. 그러므로 7세 이후가 되면 더 빨리, 더 즐겁게 글자를 배울 수 있다. 반면 우뇌는 6세 이후부터 퇴보하기 시작한다. 그러므로 7세 이전에는 좌뇌를 키우는 읽기 교육보다 우뇌를 키우는 다양한 감각 자극이 더 필요하다.

입학 전 한글 교육을 시키고 싶다면, 책 읽어 주기만큼 효과적인 방법은 없다. 책을 읽어 주며 아이와 많은 대화를 나누고 간판이나 과자 봉지처럼 주변에 보이는 글자를 이용해 자연스럽게 설명해 주자. 실생활에서 글자가 쓰이는 예시를 함께 확인해 보면서 글자와 소리를 짝짓는 놀이를 하는 것이다. 집안 물건마다 이름을 카드로 만들어 붙이거나 다음의 방법처럼 집에서 간단한 한글 놀이를 하는 것도 한글과 익숙해지도록 하는 좋은 방법이다. 자연스럽게 부모와 함께 한글을 보고 듣고 느낄 수 있는 환경을 조성해 주는 것이 중요하다.

- 색종이로 자음과 모음 글자 만들어 도화지에 붙이기
- 도장 찍기로 자음, 모음 글자 만들기
- 몸동작으로 글자 만들기
- 자음, 모음 카드나 글자 자석 결합하며 글자 만들기
- 한글 플래시 카드에 있는 단어를 글자 자석으로 빨리 만들기 시합
- 한글 플래시 카드를 펼쳐 놓고 단어 먼저 찾기 시합

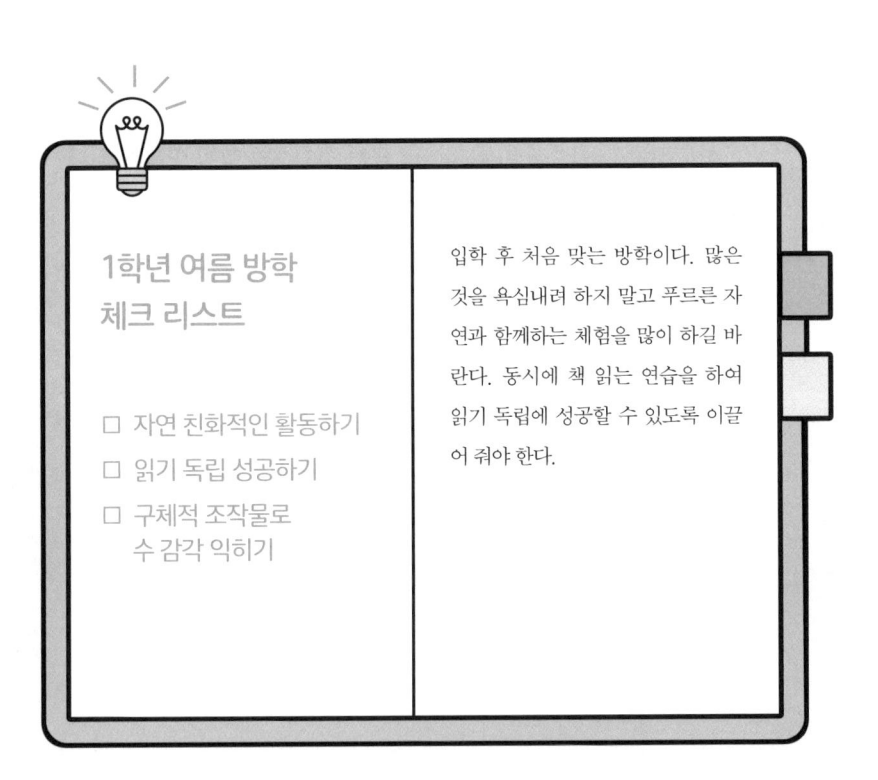

1학년 여름 방학
체크 리스트

☐ 자연 친화적인 활동하기
☐ 읽기 독립 성공하기
☐ 구체적 조작물로
　수 감각 익히기

입학 후 처음 맞는 방학이다. 많은 것을 욕심내려 하지 말고 푸르른 자연과 함께하는 체험을 많이 하길 바란다. 동시에 책 읽는 연습을 하여 읽기 독립에 성공할 수 있도록 이끌어 줘야 한다.

자연을 많이 느껴 본 아이가
교과 수업 이해도 빠르다

처음 맞이하는 여름 방학, 어떻게 보내야 할지 설레기도 하고 걱정도 될 것이다. 37년 경력의 김계숙 선생님은 자연 친화적인 활동을 많이 할 것을 권한다.

"냇가에 가서 돌도 주워 보고 산에 가서 다양한 꽃들도 보는 거예요. 뒷산에 가서 솔방울을 줍거나 나무 이름도 알아보면서 자연과 가까이하는 방학을 보냈으면 좋겠어요. 그러면 아이들이 몰라보게 정서적으로 안정되는 게 보여요. 저학년 때는 학원이나 캠프보다는 부모님과 보내는 시간이 가장 좋아요. 공부도 중요하지만 다양한 경험이 곧 아이에게 힘이 되는 시기예요."

김계숙 선생님은 이러한 활동이 공부와는 별개인 듯 말하지만, 1학년 교과목인 통합 교과(봄, 여름, 가을, 겨울)와 관련이 크다. 통합 교과는 날씨의 특징과 주변 생활 모습 관련짓기, 계절의 모습과 느낌을 창의적으로 표현하기, 각 계절에 볼 수 있는 동식물 다양하게 표현하고 소중히 보살피기, 동식물 살펴보고 그 특징 탐구하기, 동네의 모습을 관찰하고 그림으로 그려 설명하기와 같은 성취 기준을 갖고 있다. 이러한 성취 기준들은 직접 경험해 보고 관찰해 본 아이들이 더 잘할 수밖에 없다.

영재 교육의 효시가 되었다는 칼 비테 교육법을 아는가? 그의 아버지는 비테에게 자연 속에서 성장하는 환경을 만들어 주기 위해 앞마당에 모래 웅덩이를 만들어 비가 온 후에도 마음껏 놀게 해 주었고, 돌멩이 하나, 들에 핀 풀 한 포기도 대화 소재로 삼을 만큼 자연 속에서 많은 이야기를 해 주었다고 한다.

우리도 칼 비테의 교육법을 따라 할 수 있다. 비테의 아버지는 비테가 서너 살 무렵부터 비테를 데리고 하루에 한두 시간씩 꼭 산책을 했다. 무작정 걷기만 하는 것이 아니라 끊임없이 비테와 이야기를 나누었다. 예를 들어서 들꽃을 따서 관찰하면서 무슨 꽃인지 설명해 주고 그 꽃을 보면서 무슨 생각이 드는지 함께 이야기했다. 작은 벌레를 하나 잡아도 그것에 관해 여러 이야기를 들려주었다. 비테의 흥미를 자극하고 그의 반응에 따라 적절하게 가르쳐 주었다. 덕분에 비테는 후에 관련된 책을 읽으면서 쉽게 이해할 수 있었다. 비테가 질문하는 것에 대해 모를 때는 "그것은 아버지도 모르겠구나."라고 솔직하게 말하고 함께 책을 찾아보았다. 산책한 뒤에는 함께 약도를 그렸다. 지도를 완성한 뒤에는 실제 지도를 사서 비교해 보고 잘못된 곳을 고치면서 물리학, 화학, 수학을 가르쳤다.

비테의 아버지는 다음과 같이 말했다.

"어린아이의 놀이라고 해서 시시한 것이어서는 안 된다. 수준에 맞게 머리를 쓸 수 있어야 한다. 그렇게 하면 어린아이가 지루해서 울거나 떼를 쓰는 일이 거의 없다. 비테는 많은 장난감을 가지고 있지 않지만 절대로 지루해하지 않는다. 그 적은 장난감을 가지고 놀면서도 늘 유쾌하고 행복하다."

이 시기 아이들을 자라게 하는 것은 학원, 과외, 학습지가 아니다. 부모와 함께 자연을 친구 삼아 나눈 이야기와 경험들이다.

1학년 때부터
자기 주도 학습을 준비하라

1학년은 아이들에게 책을 읽어 주어 독서의 재미를 일깨워 주는 한편, 읽기 독립을 성공시켜야 하는 시기이다. 책 읽기는 이 시기 아이들에게 풍부한 언어 환경과 이야기를 제공하는 최고의 도구이다.

그림책으로 읽기 독립을 준비하라

대여섯 살 때 발달하기 시작한 상상력과 호기심은 1학년이 되면서 더욱 왕성해진다. 이 시기 아이는 마음껏 상상을 펼쳐 볼 수 있어야 한다. 1, 2학년 때 상상을 많이 해 봐야 3, 4학년 때 현실적인 사고도 할 수 있다. 이를 위해 추천하는 책이 바로 그림책이다. 그림책은 어른들에게도 좋지만, 이제 한글에 익숙해지기 시작한 저학년 아이들에게는 특히 좋다. 책을 싫어하는 아이들도 그림책은 좋아한다. 그림책은 읽어 주는 어른에게도 힐링이 되고 아이에게는 부담 없이 책 읽기를 시작할 수 있도록 도와준다. 그림책 안의 그림은 글보다 더 많은 것을 담고 있을 때가 많다. 그림을 음미하면서 그림과 글 사이에 보이지 않게 연결된 의미를 찾아보자. 이런 읽기에 익숙해진 아이는 나중에 혼자 책을 읽게 될 때도 이 방법을 활용하게 된다.

진정한 읽기 독립의 기준

글을 읽을 수 있다면 읽기를 통해 지식을 받아들일 수 있는 단계로 넘어가야 한다. 한글을 떼서 그저 글자를 읽을 줄 안다고 읽기 독립이 이루어진 것은 아니다. 진정한 읽기 독립을 한 아이들은 스스로 책을 읽고 이해할 줄 안다.

1학년 때는 쉬운 책, 아이가 재미있어하는 책으로 읽기 독립에 도달해야 한다. 글을 통해 정보를 얻는 시작 단계에서 읽기 독립이 제대로 이루어지면 아이는 이후 어떤 글을 읽어도 소화할 수 있다. 어떤 공부든 잘할 수 있는 토대가 만들어진다는 의미이다.

읽기 독립을 위해서는 책을 소리 내어 읽는 연습과 책을 읽고 어떤 내용인지 대화하며 내용을 이해하는 연습을 충분히 해야 한다.

1학년 아이의 읽기 독립 기준은 한 쪽에 열 줄 정도의 글이 들어간 50쪽 내외의 책을 혼자서 읽을 수 있어야 한다. 이와 더불어 책의 내용을 요약하여 설명하거나 이와 관련된 글쓰기를 할 수 있어야 한다.

읽기 독립에 성공해도 책을 읽어 줘야 하는 이유

읽기 독립을 시켜야 한다고 해서 책 읽어 주기에 소홀해서는 안 된다. 아이 혼자 책을 읽을 줄 아는 것도 상당히 중요하지만, 누군가 읽어 줌으로써 줄 수 있는 효과와 이로움이 상당히 많기 때문이다.

그래서 나는 아이들에게 평소 자주 책을 읽어 주려고 노력한다. 그럴 때면 책에 관심 없던 아이도, 혼자 책 읽는 것을 힘들어하던 아이도, 또래 아이들보다 수준 높은 책 읽기를 하던 아이도 내 목소리에 빠져든다. 시간이 다 되어 책 읽어 주기를 멈추면 마치 좋아하는 놀이가 끝나 아쉬워하는 듯이 안타까움의 소리가 여기저기에서 터져 나온다.

책 읽어 주기가 좋은 이유는 들려주는 이야기에 집중하는 사이 자연스럽게 듣기 능력과 집중력이 좋아지기 때문이다. 상상력 향상은 물론이다. 텔레비전을 보고 있는 사람의 뇌를 촬영해 보면 활동이 거의 일어나지 않는다. 눈으로 본 것에 대해서는 뇌가 사고 활동을 하지 않기 때문이다. 하지만 소리를 들려주면 뇌는 반응하고 움직인다. 들은 소리에 따른 모양이나 색깔을 떠올리려고 노력하면서 뇌가 부지런히 움직인다.

단, 책을 읽어 줄 때는 요령이 필요하다. 다음 사항에 유의하며 하루 몇 분씩일지라도 아이에게 책을 읽어 주자. 잊지 못할 여름방학의 추억이 생길 것이다.

① 또박또박 읽는다

아이들은 부모의 발음을 따라 하므로 정확한 발음으로 또박또박 읽어 줘야 한다. 책을 소리 내어 잘 읽는 아이들은 발음이 정확한 데다 끊어 읽기를 잘한다. 끊어 읽기를 잘한다는 것은 의미를 이해한다는 뜻이다. 그래서 책을 잘 읽는 아이들이 소리 내어 읽기도 잘한다. 하지만 독서 능력이 부족한 아이는 고학년이 되어도 소리 내어 읽기를 잘하지 못한다. 어렸을 때부터 부모가 발음, 억양, 호흡, 끊어 읽기 등에 신경 써서 또박또박 읽어 주면 아이의 발음도 정확해지며 의미를 끊어 이해하는 데 능숙해진다.

② 아이가 원할 때까지 읽는다

언제까지 읽어 줘야 할까? 아이의 독서 수준과 상황을 고려하여 결정해야겠지만 아이가 원하면 읽어 주는 것이 좋다. 책을 읽어 주는 시간은 책만 읽는 시간이 아니라 부모와 아이가 소통하는 시간이다. 혼자 충분히 책을 읽을 줄 알면서도 부모에게 읽어 달라고 하는 것도 이 때문이다. 김미숙 선생님은 책을 읽어 줄 시간이 없어서 자녀에게 한글을 빨리 가르쳤다고 한다. 아이가 혼자 책을 읽는 것과 부모가 읽어 주는 것에 엄청난 차이가 있음을 너무 잘 알고 있는 지금, 그때의 선택을 너무나 후회한다고 고백했다.

책에 흥미가 생겼을 때, 읽어 주는 속도보다 아이의 읽는 속도가 빨라졌을 때, 더 이상 부모가 책을 읽어 주는 것을 원치 않을 때 그때 읽어 주기를 멈추면 된다. 그때쯤에는 이미 아이에게 독서는 평생 취미가 되어 있을 것이다.

③ 읽어 주기에 적합한 책이 있다

아이가 좋아하는 분야 위주로 책을 읽어 준다면 흥미를 높일 순 있지만, 독서 수준을 높이는 데는 도움이 덜 될 수 있다. 항상 같은 책을 읽거나 같은 독서록을 쓰는 아이들은 새로운 책을 읽고 이해할 만큼 독서 능력이 아직 발달하지 않았다는 의미이기도 하다. 혼자서 읽으면 이해가 되지 않던 내용도 읽어 주면 이해가 된다. 읽어 주기용 책은 평소 아이의 관심이 덜한 분야의 책이나 아이의 수준보다 조금 높은 책을 선택하자. 이를 통해 부모는 아이의 독서 수준을 끌어올려 주는 사다리가 될 수 있다.

④ 책을 읽으며 잔소리해서는 안 된다

책을 읽어 줄 때 아이가 잠시 딴짓하는 것 같아도, 아이의 귀는 부모의 목소리를 향하고 있다. "너는 엄마가 힘들게 책을 읽어 주는데 딴짓을 해야겠니?" 하면서 혼내서는 안 된다. 이것이 반복되면, 엄마가 책을 읽어 주는 시간도 아이에게는 스트레스가 된다. 책을 읽어 주는 시간은 책에 대해 긍정적인 경험을 쌓아 주는 것이 목표임을 잊어서는 안 된다.

⑤ 아이와 교감하는 시간이라고 생각한다

책을 읽어 줄 때 흔히 하는 실수가 있다. 아이가 하나라도 더 배웠으면 하는 마음에 책에 있는 지식을 무리하게 주입하려고 하거나 독후 활동에 지나치게 신경 쓰는 것이다. 책을 읽어 주는 시간만큼은 이런 욕심을 내려놓고 아이와 교감을 나누자. 오늘 학교에서 무슨 일이 있었는지, 친구들과 어떤 즐거운 놀이를 하였는지, 책을 읽어 주며 아이가 들려주는 이야기에 귀를 기울이자. 책 읽어 주는 시간이 훨씬 풍성해질 것이다.

⑥ 공부에 도움이 되는 읽기 방법이 있다

보다 효과적으로 읽어 주어 아이의 학업에 직접적인 도움을 주고 싶다면, 교과 수업 때 선생님들이 자주 사용하는 방법을 권하고 싶다.

'읽기 전, 읽기 중, 읽기 후'를 구분해서 읽는 방식이다. 읽기 전 단계에서는 글에 대한 흥미를 북돋고, 글의 이해를 도울 수 있는 활동(미리 보기, 예측하기, 배경지식 활성화하기)을 한다. 읽기 중 단계에서는 중심 내용 생각하며 읽기, 질문하며 읽기, 상상하기, 메모하며 읽기 등을 한다. 읽기 후 단계에서는 요약하기, 비판하기, 주제 파악하기 등의 활동을 한다. 이 방식을 정석대로 꼭 지키려고 하다 보면 오히려 해로울 수 있다. 적당히 걸러 응용한다면 책 읽어 주기가 더욱 유익하고 재미있어질 것이다.

◆ 읽기 전 활동 예시

− 책 표지 소개 : 책을 보여 주고 겉표지에 있는 그림, 제목, 분위기 등에 대해 아이와 이야기를 나눈다.

− 간략한 책 소개 및 배경지식 알아보기 : 책을 읽어 주기 전에 제목과 글쓴이 등 책에 관한 간단한 도서 정보를 말해 주면 좋다. 마치 영화 예고편을 소개하듯 시대적인 배경이나 등장인물 등에 대해 알려 주면 더욱 흥미를 유발할 수 있다. 부모가 미리 책을 읽을 시간이 없다면 간단하게 표지 그림만 보고 책 읽기에 들어가도 좋다.

◆ 읽기 중 활동 예시

책 읽어 주기 : 대화하는 장면이나 극적인 장면에서만 약간 실감 나게 읽어 주면 충분하다. 구연동화처럼 읽어 주기보다는 자연스럽게 읽어 주는 게 좋다. 또 사이사이 이야기의 흐름이나 분위기를 깨지 않는 선에서 그다음에 벌어질 내용을 이야기하거나 그림이 있는 경우 그림을 보고 이야기를 나눈다. 중간중간에 아이가 모르는 어휘를 설명해 준다.

◆ 읽기 후 활동 예시

책에 대한 느낌 나누기 : 책을 읽을 때마다 독후 활동을 강요하는 것은 책에 대한 흥미를 떨어뜨릴 수 있다. 하지만 책을 읽고 그에 대해 간단한 느낌을 나누는 것은 책의 여운과 이해를 높이는 효과가 있다. 부모가 먼저 어떤 점이 좋았는지, 어떤 생각을 했는지 말하고 아이의 생각을 듣는 시간을 갖자. 이때 교훈을 강요해서는 안 된다.

글자 쓰기 연습

1학년 선생님들은 간단한 단어 쓰기 연습을 자주 해야 한다고 입을 모아 강조한다. 2학기부터 시작하는 받아쓰기를 통해서도 충분히 연습할 수 있지만, 많은 선생님이 5~6월이 되면 간단하게 알림장을 쓰게 하기 때문이다. 따라서 여름 방학 때 단어와 문장

◆ 1학년에게 읽어 주기 좋은 책

	제목	지은이	출판사
1	『강아지똥』	권정생	길벗어린이
2	『우리 엄마』	앤서니 브라운	웅진주니어
3	『아낌없이 주는 나무』	쉘 실버스타인	시공주니어
4	『파란 의자』	클로드 부종	비룡소
5	『이 고쳐 선생과 이빨투성이 괴물』	롭 루이스	시공주니어
6	『알사탕』	백희나	책읽는곰
7	『팥죽 할멈과 호랑이』	박윤규	시공주니어
8	『똥벼락』	김회경	사계절
9	『나 학교 안 갈래』	미셸린느 먼디	비룡소
10	『이게 정말 나일까?』	요시타케 신스케	주니어김영사
11	『수박 수영장』	안녕달	창비
12	『지각대장 존』	존 버닝햄	비룡소
13	『저승에 있는 곳간』	서정오	한림출판사
14	『종이 봉지 공주』	로버트 먼치	비룡소
15	『복 타러 간 총각』	정해왕	보림
16	『슈퍼 거북』	유설화	책읽는곰
17	『늑대가 들려주는 아기돼지 삼형제 이야기』	존 셰스카	보림
18	『책 먹는 여우』	프란치스카 비어만	주니어김영사
19	『감기 걸린 물고기』	박정섭	사계절
20	『행복한 청소부』	모니카 페트	풀빛

* 목록에 있는 작가가 쓴 다른 책들을 읽으며 독서 포트폴리오를 만들어도 좋다.

을 쓰는 연습을 하는 것이 좋다.

교과서에 실린 쓰기 연습만으로는 부족하므로 공책에 더 많은 연습을 해야 한다. 1학년 여름 방학에는 책 읽기와 함께 쓰기 연습도 해 보자.

구체적 조작물로
수 감각을 익혀라

    초등학교에 입학한 후 아이들은 1년 내내 9까지의 수, 50까지의 수, 100까지의 수, 가르기와 모으기, 덧셈과 뺄셈, 시계 보기, 비교하기 등을 배운다. 따라서 입학하기 전에는 숫자를 50까지 읽고 쓸 수 있는 정도, 생활에서 숫자를 아는 정도, '3+4=7', '5-3=2'와 같은 간단한 덧셈, 뺄셈을 할 수 있는 정도면 충분하다. 5, 6, 10과 같은 숫자를 반대로 쓰는 아이가 많으니 숫자 쓰기도 주의하길 바란다.

    2학기 수학에는 10이 되는 더하기, 10에서 빼기, 즉 10의 보수 개념이 나온다. 10의 보수는 더하면 10이 되는 (1, 9), (2, 8), (3, 7), (4, 6), (5, 5), (6, 4), (7, 3), (8, 2), (9, 1)과 같은 숫자를 말한다. 10의 보수 개념을 이용해서 더하기, 빼기를 하면 연산을 좀 더 쉽게 하고 수 감각을 기를 수 있다. 하지만 처음에는 10을 만들어서 더하기, 빼기를 하는 것을 어려워하는 경향이 있다. 따라서 가정에서 연습하면서 10이라는 숫자를 모았다가 갈랐다가 자유자재로 요리할 수 있도록 해 줘야 한다.

7~11세는 논리적인 추리가 단순하여 구체적인 사물을 통해서 사고가 가능한 시기이다. 즉 몸으로 직접 해 봐야 이해를 할 수 있다. 바둑돌이나 주사위, 카드 등 구체적인 조작물을 통해 가르고 모으면서 수 감각을 익히는 것도 이 때문이다. 가정에서 선행으로 구구단을 외우고 학습지를 시키기보다 엄마와 함께 놀이를 통해 일상생활에서 수 감각을 익히는 것이 훨씬 유익하며 중요하다.

바둑돌로 수 맞추기 놀이

다섯 개의 바둑돌 중에서 몇 개를 집어 아이에게 몇 개일지 추측해 보게 한다. 아이는 1부터 5 사이의 숫자에서 추측하여 답을 말할 것이다. 그러면 손을 펴서 직접 몇 개인지 세어 본다. 이번에는 손으로 집지 않은 남은 바둑돌은 몇 개인지 말해 보게 한다. 바둑돌의 개수를 열 개로 늘리면 10의 보수 개념을 익힐 수 있다.

(엄마가 주머니 속에 있는 다섯 개의 바둑돌 중에서 두 개를 집는다.)

엄마 : 엄마 손에 바둑돌이 몇 개가 있을까?

아이 : 음. 세 개?

엄마 : (손을 펴며) 자, 몇 개인지 세어 볼까?

아이 : 하나, 둘! 두 개요.

엄마 : 맞아. 그럼 엄마가 집지 않은 바둑돌은 몇 개일까?

아이 : (머릿속으로 생각해서) 세 개요.

엄마 : 딩동댕!

가르기 놀이

다음처럼 가르기 놀이를 해 보자.

엄마 : 8로 가르기를 해 볼까? 5!

아이 : 3

엄마 : 7로 가르기를 해 볼까? 3!

아이 : 4

엄마 : 10으로 가르기를 해 볼까? 6!

아이 : 4

위의 놀이를 통해 10의 보수 개념을 익힐 수 있다. 수 감각이 좋아서 암산을 잘하는 아이들은 세로셈으로 바꾸지 않아도 계산이 가능한데, 그것은 10단위로 만들어서 계산하기 때문이다. 이게 익숙해지면 계산이 정확하고 빨라질 뿐만 아니라 큰 단위의 계산도 능숙해진다. 다음은 10단위로 계산하는 예시이다.

$13 + 7 + 7 \ \rightarrow \ 20 + 7 = 27$

$3 + 16 + 4 \ \rightarrow \ 3 + 20 = 23$

$2 + 5 + 8 \ \rightarrow \ 10 + 5 = 15$

$12 - 5 \ \rightarrow \ 12 - 2 - 3 = 10 - 3 = 7$

$13 - 7 - 3 \ \rightarrow \ 13 - 3 - 7 = 10 - 7 = 3$

주사위로 하는 덧셈, 뺄셈 놀이

주사위를 한 번은 아이가 던지고 한 번은 엄마가 던진 후에 두 개의 숫자를 더하고 뺀다. 연산을 게임처럼 할 수 있어 아이들이 매우 좋아한다.

콩 세어 보기 놀이

엄마와 아이가 콩을 한 움큼 쥐고 몇 개인지 예측하는 놀이이다. 엄마와 아이가 각각 종이컵에 콩을 가득 넣고 컵 안에 든 콩의 개수를 누가 먼저 세는지 시합을 해도 좋다. 1학년 1학기에 나오는 50까지의 수, 2학기에 나오는 100까지의 수 세기를 연습할 수 있다.

◆ 한눈에 보는 1학년 수학 단원과 개념

학기	단원명	1학년 수학 개념
1학기	9까지의 수	수, 수의 순서, 1 큰 수, 1 작은 수
	여러 가지 모양	여러 가지 모양 알고 굴려 보기
	덧셈과 뺄셈	모으기와 가르기, 한 자리 수 덧셈과 뺄셈
	비교하기	무겁다, 넓다
	50까지의 수	9 다음 수, 10개씩 묶어 세기
2학기	100까지의 수	몇 십, 짝수, 홀수
	덧셈과 뺄셈(1)	받아올림이나 받아내림이 없는 두 자리 수 덧셈, 뺄셈
	여러 가지 모양	세모, 네모, 동그라미 모양 찾기
	덧셈과 뺄셈(2)	세 수의 덧셈, 뺄셈, 10이 되는 더하기, 10에서 빼기, 10을 만들어 더하기
	시계 보기와 규칙 찾기	몇 시, 몇 시 삼십 분
	덧셈과 뺄셈(3)	모으기와 가르기를 하면서 덧셈, 뺄셈 받아올림과 받아내림이 있는 (몇) + (몇) = (십몇), (십몇) - (몇) = (몇)

각 학년에서 어떤 수학 개념을 배우는지 알고 있으면 불안한 마음에 과잉 선행 학습을 시키지 않을 수 있다. 또 전 학기에 배운 개념을 확실히 이해했는지, 다음 학기에는 어떤 내용을 배울지 알게 되어 미리 대비할 수 있다.

줄넘기 인증제를
대비하라

줄넘기는 단순한 운동이지만 처음 시작하는 아이들에게는 단순하지 않다. 김미숙 선생님은 "1학년이 끝나도록 팔과 다리의 협응이 안 되는 친구들이 있어요. 집에서 꾸준히 연습하는 게 중요해요."라고 이야기하며 방학 때 줄넘기 운동을 하라고 권한다.

의외로 줄넘기에 대해 염려하는 부모가 많다. 학교마다 다르지만 아이들의 체력을 위해 대부분의 학교에서는 줄넘기 인증제를 시행한다. 학년마다 등급의 줄넘기 개수와 종류가 다르다. 모둠 발 뛰기, 발 바꿔 뛰기, 뒤로 뛰기, 팔 엇갈려 뛰기, X자 뛰기, 이단 뛰기(쌩쌩이), 짝이랑 뛰기 등 여러 가지를 연습한다.

저학년은 운동 신경이 발달하지 않아 줄넘기를 힘들어하는 아이들이 꽤 있으니 가정에서 운동 삼아 즐겁게 연습해 보자.

PART4

최고의 교사들이 알려 주는 2학년 방학 공부법
: 공부 습관, 수학

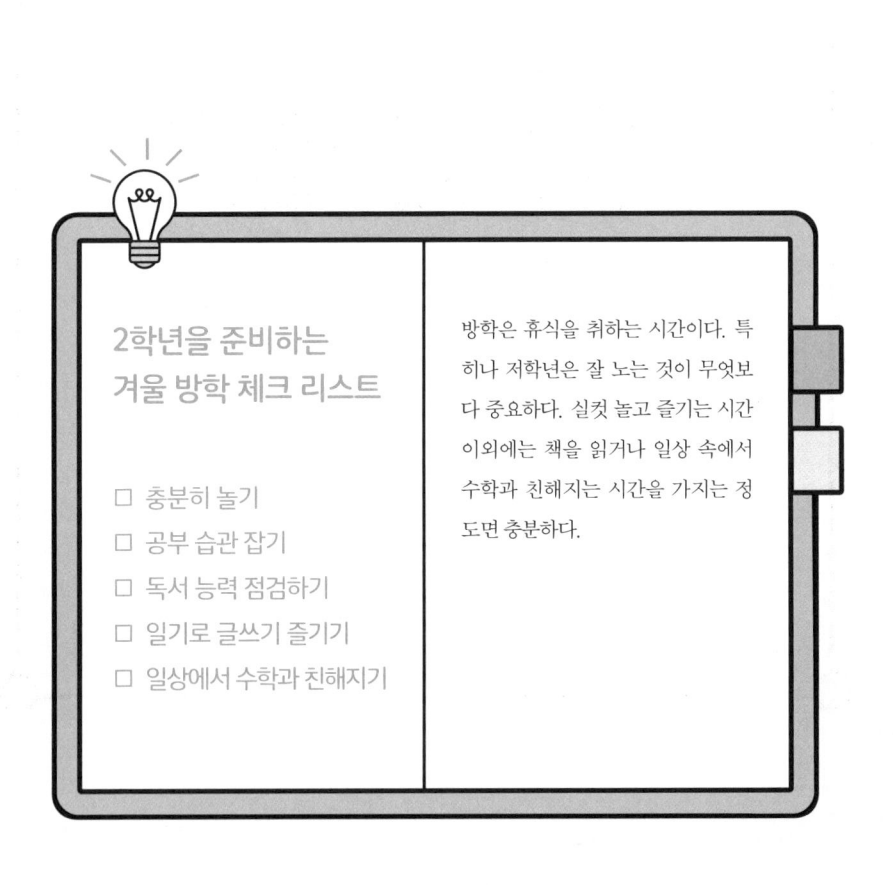

2학년을 준비하는
겨울 방학 체크 리스트

☐ 충분히 놀기
☐ 공부 습관 잡기
☐ 독서 능력 점검하기
☐ 일기로 글쓰기 즐기기
☐ 일상에서 수학과 친해지기

방학은 휴식을 취하는 시간이다. 특히나 저학년은 잘 노는 것이 무엇보다 중요하다. 실컷 놀고 즐기는 시간 이외에는 책을 읽거나 일상 속에서 수학과 친해지는 시간을 가지는 정도면 충분하다.

2학년은
놀면서 배우는 시기다

아이의 어리바리한 모습에 걱정투성이었던 1학년이 무사히 끝이 났다. 엄마도 아이도 마음이 놓인다. 17년 차 김소영 선생님은 2학년은 1학년의 성향이 아직 남아 있기는 하지만 학교생활에 익숙해져서 보다 즐겁게 보낸다고 말한다. 또 선생님, 친구들과의 관계에도 능숙해져서 유연해진 모습을 보인다. 이렇듯 1학년 때보다 안심이 되다 보니 이제 슬슬 공부에 눈이 가는 부모들이 생긴다. 그러나 27년 차 이희경 선생님은 2학년은 놀면서 배우는 시기임을 강조한다.

"아직 2학년인데 영어, 한자, 음악, 운동 클럽 등등 너무 많은 학원을 다녀 교실에서 지쳐 보이는 아이들이 있어요. 이것저것 해 보는 것도 좋지만 저학년은 아이가 주체가 되어 좋아하는 것을 찾고 경험해 보는 시기인 만큼 아이 스스로 배우고 싶은 것을 선택하게 해야 해요."

부모의 관심 속에서 좋아하는 활동을 스스로 찾는 능력, 즐거움을 느끼기 위해 최선의 노력을 다할 줄 아는 능력, 놀기 위해 스스로 궁리할 줄 아는 능력을 기르는 것이 중요하다는 말이다.

"곁에서 보기엔 놀기만 하는 것처럼 보여도 아이들은 이러한 시간들이 쌓여 생각이 무르익고 차곡차곡 채워져요. 그게 바로 초등 저학년 시기에 할 일이에요. 놀이는 이를 위한 필요 요건이고요. 그런데 우리는 이를 간과하는 경향이 있어요."

김소영 선생님 역시 "잘 논다는 것은 많은 의미를 함축하고 있어요. 잘 노는 아이들은 친구들과 의견이 다를 때 합의점을 잘 이끌어 내요. 놀이 중 억울한 일이 생기면 의견을 피력하고 새로운 규칙을 적극적으로 만들어 내죠. 그리고 무엇이든 놀이화해요. 혼자 이것저것 그려 보다가 책을 읽기도 하고 멍때리다가 궁금한 것을 물어보기도 하고 스스로 찾아보기도 해요."라고 말하며 놀이할 때 일어나는 성장 자극에 대해 구체적으로 일러 주었다.

아이가 이제 제법 책도 잘 읽고, 공부에도 재미를 붙여 가는 게 보일 것이다. 하지만 아직은 공부에 욕심내기보다 실컷 놀게 하자. 밥을 하고 뜸을 들이듯, 호기심이 무럭무럭 자라나고 있는 이 시기의 아이도 세상을 통해서, 학교를 통해서, 책을 통해서 배운 것들을 뜸 들일 시간이 필요하다. 저학년 때는 아이에게 필요한 최소한의 것들만 하자. 최소한의 학원, 최소한의 학습지로 남은 시간에는 빈둥거리기, 책 읽기, 가족과 즐거운 시간 보내기, 지칠 때까지 놀아 보기를 경험하게 하자.

혼자 공부하는 힘은
공부 습관에서 나온다

1학년은 기본 생활 습관을 잡는 데 신경을 써야 한다면 2학년은 공부 습관을 잡아 주어야 한다. 1학년은 공부라고 하기도 머쓱할 정도의 내용이었다면, 2학년은 이제 막 공부라는 것이 시작되는 느낌이다. 공부 걸음마를 시작하는 아이와 같다. 모든 일에 있어서 시작이 얼마나 중요한지 알 것이다. 2학년에서 가장 중요한 것은 독서와 수학 연산이다. 이것들을 자기 책상에 앉아서 매일 꾸준하게 해 나가는 연습을 통해 공부 습관을 만들어 주도록 하자.

아이가 자기 할 일을 알고, 하려고 노력하게 하는 것만 해도 아주 성공적이다. 이를 위해서는 아무리 적은 양이라도 매일 꾸준히 공부하는 습관을 들여야 한다. 부모는 아이가 해야 할 일을 했는지 체크 리스트를 이용해서 확인해 준다. 그날 할 일을 다 하면

달력에 스티커를 붙이거나 빨간 동그라미를 그려 줘서 눈으로 확인하고 성취감을 느끼게 해 준다. 물론 아이와 상의 후, 며칠 이상 하루 할 일을 다 했을 경우 보상을 주는 것도 습관을 잡는 초기에는 좋다.

예외 없이 매일 꾸준히 체크해 주는 것은 어려운 일이지만 이러한 관심은 아이의 공부 습관을 만드는 데 효과적이다.

2학년 아이의 해야 할 일에는 소리 내어 책을 읽는 연습과 연산 훈련이 꼭 들어가야 한다. 옆에서 아이의 책 읽기를 봐주고 아이가 푼 연산 문제집을 채점해 주자. 공부 습관은 저절로 잡히는 것이 아니다. 혼자 알아서 공부하는 아이는 부모의 관심과 노력으로 만들어진다는 것을 기억하자.

아이마다 차이 나는
독서 능력을 점검하라

　3학년 아이들에게 읽어 주면 무척 좋아하는 책인데 5학년 아이들은 별 반응이 없다. 6학년 아이들은 좋아하는데 4학년 아이들은 별로라고 한다. 아이들을 가르치다 보면 학년에 따라 관심을 갖는 책이 다르다는 것을 절실히 느끼곤 한다. 수많은 연구 결과 역시 발달 단계에 따라서 좋아하는 책이 달라짐을 뒷받침해 준다. 아이에게 너무 어려운 책은 아무런 도움이 되지 않는다. 오히려 책만 싫어하게 만들 뿐이다. 또 제 수준에 맞지 않는 쉬운 책만 읽는 것은 아이의 독서 능력을 저하시킨다. 어쩌면 아이의 독서 능력 자체에 문제가 있다는 의미일 수도 있다. 따라서 아이의 발달 단계에 맞는 책을 읽히면서 독서 능력을 성장시켜야 한다.

　특히 2학년 시기에는 능숙하게 글을 읽고 이해하는 아이들이 생기면서 개인차가 보이기 시작한다. 1학년까지는 국어 교육 과정이 한글 배우기에 초점이 맞춰져 있고 글자가 많이 없는 그림책을 주로 읽기 때문에 독서 능력의 차이가 크지 않다. 하지만 2학년 국어 교과서는 1학년에 비해 글자 수도 많아지고 내용도 어려워져 독서 능력의 차이가 학습에 바로 직결되기 시작한다. 더욱이 학년이 올라갈수록 교과서의 난이도가 점점 더 어려워지면서 독서 능력이 점차 더 큰 차이를 야기한다. 2학년은 그 차이를 쉽게 따라잡을 수 있는 시기이므로 2학년을 준비하는 겨울 방학을 적극 활용해 보자.

2학년 아이들이 좋아하는 책은 따로 있다

읽기에 자신감이 생긴 아이들은 그림책에서 벗어나 조금씩 글자가 많은 책에 도전해 보아야 한다. 이때 자신의 성장에 뿌듯함을 느낄 수 있도록 칭찬해 주고 격려해 주는 걸 잊어서는 안 된다. 2학년 아이들에게 적합한, 아이의 성장 발달에 도움이 되는 책을 고르기 위해서는 이 시기 아이들의 발달 특징에 대해 알아야 한다.

2학년은 왕성한 호기심과 구체적이며 현실적인 사고를 특징으로 한다. 때문에 궁금증을 끊임없이 자극해 주고 배경지식을 쌓을 수 있는 책이 좋다.

「초등학생 학년별 동화선호경향 연구」에 따르면 만 4~7세는 '우화기'로, 권선징악적인 내용을 담은 옛이야기와 그림이 있는 책을 선호하고, 만 7~9세는 '동화기'로, 동화를 통해 새로운 현실을 배우는 것을 좋아한다. 2학년은 우화기와 동화기에 해당되는 시기이므로 옛이야기나 동화를 통해 지식을 배울 수 있는 책이 적합하다. 그러나 동화책만 읽다가 사실적 정보가 담긴 책을 읽으려면 힘들 수 있으니 지식 정보 그림책으로 시작할 것을 권한다.

자기중심성이 강한 만큼 또래를 주인공으로 한 생활 동화도 대단히 좋다. 자신의 행동을 돌아보고 규칙을 익혀 사회성을 기르는 계기가 된다.

◆ 발달 특징에 따른 2학년에게 좋은 책

2학년의 특징	추천 책
어느 정도 읽기에 자신감이 생기고 어휘 수가 증가	그림책에서 벗어나 조금씩 글자가 많은 책에 도전
호기심이 많아 질문이 왕성한 질문기가 계속되면서 현실 세계에 대해 관심이 많음	호기심을 자극하고 질문에 대한 답을 주는 지식 정보 그림책, 도감, 잡지, 사전 등 다양한 읽을거리를 제공하는 책
사고가 현실적이고 구체적이지만 자기중심적임	1인칭 시점의 자기 또래가 주인공인 생활 동화

새로운 읽기 재미, 동시

동시는 아이들의 마음을 함축되고 정제된 언어로 담아낸 짧은 글이다. 2학년 1학기 첫 단원은 인물의 마음을 상상하며 시를 읽어 보는 단원이다. 2학년이 되기 전에 도서관에서 동시집을 빌려 먼저 읽어 보기를 권한다. 교과 공부에도 도움이 되지만 읽기 능력이 떨어지는 아이에게 동시 읽기가 도움이 된다는 연구 결과도 있다. 또 아이의 상상력 향상과 인성 교육에도 좋은 효과가 있다.

동시를 읽다 보면 자칫 운율, 행, 연, 꾸미는 말처럼 형식적인 설명에 치중하기가 쉽다. 독서 논술 학습지를 하는 아이들이 주로 이런 식으로 동시를 접하게 되는데, 이를 뿌듯하게 생각하는 부모님들을 종종 보곤 한다.

모든 글은 형식이 아니라 마음이다. 몇 행이며 운율이 어떠한지는 몰라도 된다. 동시를 읽고 느끼는 것만으로 충분하다. 글쓴이의 마음을 헤아려 보는 걸로 족하다. 교과서에서도 여러 가지 방법으로 시 읽어 보기, 시 속 인물의 마음을 생각해 본 뒤 관련 경험을 나눠 보기, 시를 읽고 난 느낌을 그림이나 몸짓으로 표현해 보기가 활동의 전부이다.

SNS에서 화제가 된 뒤 책으로도 출간되어 사람들의 사랑을 듬뿍 받고 있는 하상욱 시인의 시들을 살펴보자.

남

먹는 걸

왜

신경 써

- '여자 나이' 중에서-

누굴

위한

자유

일까

-'프리사이즈' 중에서-

이런 시를 보면 시의 형식이라고 할 게 있을까? 교실에서 동시를 써 본 뒤 아이들끼리 잘 쓴 시를 뽑아 보라고 하면 형식적으로 우수한 시보다는 솔직하고 마음에 와닿는 시가 뽑힌다. 그러니 동시를 읽을 때 너무 큰 부담을 갖지 않아도 된다. 그저 느끼는 대로 읽어 보자.

아이들이 먼저 동시를 읽고 싶어 하기는 어렵다. 처음 봤을 땐 그림책이나 이야기책에 비해 재미없기 때문이다. 부모가 개입해야 한다. 어른이 쓴 동시도 있고 아이가 쓴 동시도 있다. 아이들은 아이가 쓴 동시에 더 관심을 가진다.

시는 왠지 어렵다고 생각하는데 재미있고 쉬운 시도 많이 있다. 도서관에 가서 마음에 드는 동시집을 아이와 함께 골라 보자. 꼭 읽어야 하는 동시집이 있는 것은 아니다. 교과서에 수록된 동시를 꼭 찾아서 읽을 필요도 없다. 그동안 읽어 온 글과 형식이 다른, 동시라는 장르를 접해 보고 재미를 느껴 보는 선이면 충분하다. 아이와 부모가 한 줄씩 번갈아 가면서 읽거나 성우처럼 멋지게 읽기도 하면서 동시란 이런 거구나, 하고 느껴 보는 방학을 보내자.

일기 쓰기가
쉽고 재미있어지는 방법

앞에서도 언급한 바 있지만 아이들이 힘들어하는 활동인 만큼 일기에 대해 조금 더 자세히 이야기해 보고자 한다. 1학년 때는 그림일기 쓰기를 배우고, 2학년에 올라가면 글 일기 쓰기를 배운다. 김소영 선생님은 2학년이 되기 전 겨울 방학 때 미리 글 일기를 쓰도록 적극 권한다.

자기중심적인 성향이 강한 저학년은 일기를 쓰라고 하면 자신이 한 일을 그저 단순히 나열한다. 이런 아이들에게 일기 쓰기가 안겨 주는 장점은 무궁무진하다. 자기 생각을 표현하는 힘을 길러 주고, 글씨 쓰기와 맞춤법 공부에도 도움이 된다.

일기는 아이들이 경험하는 최초의 글쓰기이다. 일기 쓰기 경험이 즐거워야 글쓰기 자체에 흥미를 갖게 되고, 가까이할 수 있다.

학년이 올라갈수록 독서록부터 각종 수행 평가서까지 글쓰기가 점점 더 요구되고 있는 만큼, 아이들이 일기 쓰기를 통해 글쓰기의 장점들을 얻을 수 있도록 도와줘야 한다.

여자아이보다는 남자아이가 일기 쓰기를 더 힘들어한다. "아침에 일어나 학교에 와서 1교시에는 무슨 과목, 2교시에는 무슨 과목, 3교시에는 무슨 과목, 4교시에는 무슨 과목, 학교가 끝난 뒤에는 무슨 학원, 집에 와서 저녁을 먹고 잤다."를 매일 반복해서 쓰는 아이가 꽤 많다. 매일 비슷한 듯 보이는 하루도 자세히 들여다보면 다르다. 아이들은 체험 학습 날이나 소풍날처럼 특별한 날만 쓸거리가 있다고 생각한다. 하지만 그런 날의 일기보다 일상 속에서 일어난 일을 쓴 일기가 훨씬 재미있게 느껴진다.

무엇을 써야 할지 힘들어한다면 하루를 되돌아볼 수 있도록 도와주자. "오늘 무슨 일이 있었는지 생각해 볼까? 그때 느낌이 어땠어? 만약에 이랬다면 어땠을까? 그때 친구가 무슨 말을 했어? 친구랑 한 말은 따옴표를 넣어서 써 볼까?" 이렇게 대화를 주고받으며 글로 쓰기 전에 입말로 먼저 정리해 보는 것이다. 그리고 그것을 그대로 일기로 옮겨 쓰도록 하면 된다. 일기 쓰기의 목표는 글씨 쓰기가 아니다. 일기를 쓰는 과정에서 일어나는 사고가 핵심이다. 이에 주목해서 아이를 도와주어야 한다. 아이가 글자로 옮기는 걸 힘들어한다면, 아이가 불러 주는 일기를 부모가 받아 적어도 좋다.

방학 동안 연습한 아이들은 개학 후에 일기 쓰기가 한결 수월해질 것이다. 비슷비슷한 일상에서 소중한 경험을 곱씹으며 생각을 포착해 내는 관찰력을 얻고 하루하루에 대한 감사함을 느끼게 되는 것은 덤이다.

　나 역시 어릴 적에 "엄마, 나 일기 쓰기 너무 싫어." 하며 투정을 부린 적이 있다. 그러자 어머니가 어린 시절 이야기를 해 주셨다.

　"엄마 어릴 적에는 휴지가 없어서 다 쓴 공책을 휴지로 사용했었어. 그런데 어느 날 이모가 화장실 갔다가 방으로 들어오더니 엄마를 엄청 놀리는 거야. 그때 화장실에 걸려 있던 공책이 바로 엄마 일기였거든. 거기에 '오늘은 일기가 너무 쓰기 싫다. 정말정말 쓸 것도 없다. 끝~.' 이렇게만 쓰여 있더래."

　이 이야기를 듣고 얼마나 웃었는지 모른다. 나는 그때 나만 이런 고통을 겪는 게 아니라는 안도감과 어린 시절 어머니도 일기 쓰기를 싫어하는 어린애였다는 동질감을 느꼈던 듯하다. 아이가 일기 쓰기를 싫어한다면 억지로 시킬 것이 아니라, 엄마의 힘들었던 경험을 들려주며 동시에 일기를 통해서 얻을 수 있는 것이 얼마나 많은지도 함께 알려 주자. 즐거운 마음으로 일기 쓰기를 지속할 수 있도록 하자.

2학년 아이들에게 권하는
일상 속 수학 놀이

초등 수학은 연산이 기본이다. 1학년 때 구체적 조작물을 통해서 수 감각을 길렀다면, 2학년 때는 덧셈, 뺄셈, 구구단을 완벽하게 할 수 있어야 한다. 1학년에 비해 문제도 길어지고 숫자도 커져서 수학이 싫다는 아이들도 생긴다. 이는 아직 읽기 독립이 이루어지지 않아 문제를 읽어도 이해하지 못하거나 연산 연습이 부족해서 그렇다. 지나친 선행 학습은 필요 없다. 다만 수학과 친해질 수 있도록 신경 쓰며 1, 2학년 수학에 구멍이 생기지 않게 자기 학년에 충실할 수 있도록 하면 된다. 김소영 선생님은 2학년은 덧셈, 뺄셈만 완벽하게 할 수 있으면 충분하다고 말한다.

"1~2학년 아이들이 어려워할 수 있는 단원은 의외로 '덧셈과 뺄셈', '세 자리 수'와 같이 학교에서 배우기 전에 이미 접해서 잘하리라 생각했던 단원들이에요. 그래서 덧셈, 뺄셈이 완벽해지면 수학에 대한 자신감이 생기죠."

2학년을 준비하는 겨울 방학에는 1학년 때 배웠던 받아올림, 받아내림이 있는 한 자리 수 덧셈과 뺄셈을 빠르고 정확하게 연산할 수 있도록 연습해야 한다. 그러고 나서 2학년 때 배울 받아올림, 받아내림이 있는 두 자리 수 덧셈과 뺄셈을 연습해 본다.

1, 2학년의 덧셈과 뺄셈, 곱셈 성취 기준을 살펴보자. 2학년까지 다음의 성취 기준에 도달해야 한다는 사실에 유의해서 공부하도록 한다.

- 덧셈과 뺄셈이 이루어지는 실생활 상황을 통하여 덧셈과 뺄셈의 의미를 이해한다.
- 두 자리 수 범위에서 덧셈과 뺄셈의 계산 원리를 이해하고 그 계산을 할 수 있다.
- 덧셈과 뺄셈의 관계를 이해한다.
- 두 자리 수의 범위에서 세 수의 덧셈과 뺄셈을 할 수 있다.
- □가 사용된 덧셈식과 뺄셈식을 만들고, □의 값을 구할 수 있다.
- 곱셈이 이루어지는 실생활 상황을 통하여 곱셈의 의미를 이해한다.
- 곱셈구구를 이해하고, 한 자리 수의 곱셈을 할 수 있다.

저절로 수학 공부가 되는 보드게임

공부는 재미있어야 한다. 수학 퍼즐과 보드게임을 적극 활용해 보자. 특히 1학기 수학 교과서에 칠교놀이가 나오니 직접 만들어서 겨울 방학 동안 해 보는 것도 좋다. 칠교놀이란 일곱 개의 나무 조각을 가지고 교묘하게 판을 짜는 전통 놀이이다. 일곱 개의 조각을 이용하여 삼각형 등의 기본 도형을 만들어 보고 도형의 대칭과 이동, 회전과 같은 개념을 체험할 수 있다. 수학적 탐구력과 창의력을 키워 주는 수학 퍼즐이다.

조금 더 간편한 방법으로는 보드게임이 있다. 나는 평소 교실에 여러 개의 보드게임을 준비해 놓는데, 수학을 잘할수록 다양하고 복잡한 보드게임을 즐길 수 있다. 아이의 수학 실력을 쥐도 새도 모르게 향상시켜 주는 보드게임들이 많으니 적극 활용해 보자.

할리갈리 : 같은 과일의 숫자가 5가 되었을 때 먼저 종을 치는 사람이 카드를 갖는 게임이다.

셈셈 피자가게 : 한 자리 수 및 두 자리 수의 덧셈과 뺄셈 게임으로, 피자 세 판을 먼저 완성하면 승리한다.

블로커스 : 네 가지 색상의 블록 조각으로 하는 일종의 땅따먹기 게임이다. 갖고 있는 블록을 가장 먼저 판에 올리는 사람이 이긴다.

부루마블 : 세계 도시와 수도를 여행하는 재산 중식형 게임이다.

로보77 : 각자 숫자가 적힌 카드를 나눠 가진 뒤 한 장씩 낼 때마다 숫자의 합을 계산해서 말하는 게임이다.

구름빵 수놀이 듬뿍 : 타일 세트와 콕콕이가 들어 있으며 목표 숫자를 만들기 위해 숫자가 적힌 타일을 콕콕 찔러서 덧셈의 초보 개념과 10의 가르기 및 모으기를 연습하는 게임이다.

메이크 앤 브레이크 : 블록 완성품이 그려진 건축 카드를 보고 가장 빨리 정확하게 건축물을 만드는 게임이다.

쉐잎바이쉐잎 : 다양한 모양의 도형 조각으로 주어진 모양을 만드는 도형 퍼즐 게임이다. 어려울 때는 뒷면의 두 가지 힌트 중 하나를 보고 해결한다.

생활 속에서 수학적으로 대화하라

아이가 덧셈과 뺄셈을 잘 푼다고 해서 연산의 원리를 이해했다고 말하기는 어렵다. 생활 속에서 수학적인 예를 찾아 이야기를 나누어 보자. 놀이를 통해 기초 수학을 다지면서도 평소 아이와 대화할 때 적용할 수 있어 매우 쉽다.

예를 들어 버스에서 승객이 내리고 탄 상황이나 사탕을 활용해 아래와 같이 이야기를 만드는 것이다.

엄마 : 지금 버스에 몇 명이 타고 있니?

아이 : 열아홉 명이요.

엄마 : 방금 두 명이 더 탔으니 지금은 몇 명이 타고 있을까?

아이 : 음, 스물한 명이요.

아빠 : 네가 지금 갖고 있는 사탕 봉지에 사탕이 몇 개 있어?

아이 : 열아홉 개요.

아빠 : 동생한테 여덟 개를 주면 사탕이 몇 개 남을까?

아이 : 열한 개요.

이런 식의 수학적인 대화를 통해 생활 속에서 수학적으로 사고하며 문장제 문제도 준비할 수 있다.

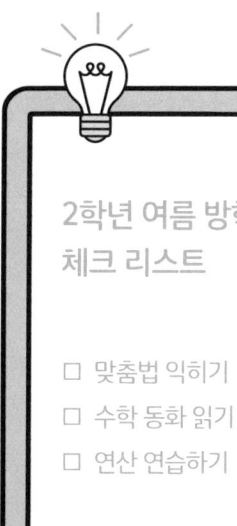

2학년 여름 방학
체크 리스트

□ 맞춤법 익히기
□ 수학 동화 읽기
□ 연산 연습하기

2학년 1학기 국어 <낱말을 바르고 정확하게 써요> 단원에서 바른말에 대해 배웠다. 책을 읽으며 바른 맞춤법에 대해서 집중적으로 공부해야 한다. 한편 수학을 재미있게 접하는 방법 중 하나는 수학 동화를 읽는 것이다. 글 읽기도 벅찬 시기에 수학 동화를 읽는다니 이해하기 힘들 수 있다. 하지만 독해력이 어느 정도 생겼다면 2학년 여름 방학에는 수학 동화에 도전해 보자.

맞춤법을
공부하라

　　1학년 2학기부터는 받아쓰기를 하면서 맞춤법을 배운다. 최근 받아쓰기를 하지 말자는 의견도 있지만 초등 교사들은 하나같이 받아쓰기의 필요성에 대해 말한다. 아무리 자연스럽게 간접적으로 습득하는 게 좋다고 해도 집중적이고 체계적으로 공부해야 한 단계 뛰어오를 수 있기 때문이다.

　　김소영 선생님은 2학년 여름 방학 때 책을 읽고 일기를 쓰면서 집중적으로 맞춤법을 공부해야 한다고 강조한다. 아이들의 맞춤법은 대부분 2학년 때 완성되는데, 여전히 헷갈려하는 것들이 많다. 다음은 교과서에 나오는 문제들 중 일부를 소개한 것이다. 한번 아이와 함께 풀어 보자.

1) 올해는 (반드시 / 반듯이) 책을 50권 이상 읽겠습니다.

2) 뜨거운 국은 (시켜서 / 식혀서) 먹어야 합니다.

3) 놀이터에 도착하니 조금 (있다가/ 이따가) 은찬이가 왔다.

4) 엿가락을 길게 (늘이다/ 느리다).

5) 구멍 난 장갑을 (깁다 / 깊다).

6) 나는 친구에게 편지를 (붙였다/ 부쳤다).

7) 1번 문제의 답은 3번이 (맞습니다 / 맡습니다).

8) 비가 와서 우산을 (바칩니다 / 받칩니다).

답은 '반드시, 식혀서, 있다가, 늘이다, 깁다, 부쳤다, 맞습니다, 받칩니다'이다. 아이 실력은 어떠한가? 만약 아이가 어려워할지라도 당황하여 국어 문제집이나 학습지를 사러 가지는 않았으면 좋겠다. 맞춤법을 익히는 가장 좋은 방법은 책을 읽으면서 아이가 헷갈릴 만한 어휘들을 짚어 주는 것이다. 특히 학기 중에는 시간에 쫓겨 책 읽어 주기에 소홀했다면, 방학 때만이라도 아이에게 매일 책을 읽어 주며 맞춤법을 같이 공부해 보자.

아이의 일기나 독서록 쓰기 지도를 활용해 맞춤법을 알려 주고자 할 때는 지나가듯이 어쩌다 한 번씩이 적당하다. 매번 맞춤법을 체크하면 글쓰기 자체를 꺼려하게 되니 유의해야 한다.

가끔은 가족끼리 맞춤법 퀴즈 내기, 끝말잇기 등의 말놀이를 하면서 어휘나 맞춤법 공부를 하는 것도 대단히 좋다.

수학 동화책으로
수학에 빠져들게 하라

읽기 독립도 성공하고 수에 대한 감각도 충분히 익혔다면, 수학의 개념과 원리를 쉽고 친근한 이야기로 풀어낸 수학 동화책을 권하고 싶다. 아이는 수학을 싫어하는 이야기 속 등장인물을 보며 대리 만족하기도 하고 공감하기도 하며 푹 빠져들 것이다. 재미있게 읽는 사이 자연스럽게 수학적인 이해력이 넓어지고 문장제나 서술형 문제 풀이에도 강해진다.

다음은 2학년 여름 방학에 읽혔으면 하는 수학 동화책들이다. 아이가 이 책들을 읽고 재미를 느꼈다면, 아이와 함께 서점을 방문하여 직접 책을 골라 보게 하는 것도 좋다.

◆ 2학년에게 좋은 수학 동화책

	제목	지은이	출판사
1	『우리 수학놀이 하자』	크리스틴 달	주니어김영사
2	『수학의 저주』	존 셰스카	시공주니어
3	「수학식당」 시리즈	김희남	명왕성은자유다
4	『수학 개미의 결혼식』	서지원	와이즈만BOOKS
5	『양치기 소년은 연산을 못한대』	박영란, 한지연	동아엠앤비
6	『수학아 수학아 나 좀 도와줘 1, 2』	조성실	삼성당
7	『알쏭달쏭 알라딘은 단위가 헷갈려』	황근기	과학동아북스
8	『떡장수 할머니와 호랑이는 구구단을 몰라』	이안, 한지연	동아엠앤비
9	『수학을 푹푹 먹는 황금이』	박현정	뜨인돌어린이
10	「신통방통 수학」 시리즈	서지원	좋은책어린이

매일 꾸준히 연산을 연습시켜라

꾸준함만큼 훌륭한 것은 없다. 연산 전용 문제집이나 학습지를 구해, 매일 시간을 정해 놓고 풀게 하자. 저학년 공부는 사실 방학 때 책 읽기와 연산 학습지만 꾸준히 해도 거뜬하다. 단, 연산은 반복적인 활동이기 때문에 매번 새로울 수는 없다는 점을 아이에게 인지시키고, 질리지 않을 정도로만 연습시켜야 한다. 연산은 하루만 하지 않아도 감이 떨어진다. 적은 양이라도 매일 규칙적으로 하는 게 중요하다. 또한 풀면 바로 채점해서 오답을 고치도록 한다.

3학년까지는 사칙연산의 기본을 완성하고 4학년까지는 복잡한 연산을 마스터해야 한다. 따라서 방학마다 꾸준히 연습해서 빠르고 정확하게 연산할 수 있도록 만들어 줘야 한다.

곱셈의 의미를 꼭 알아야 한다

곱셈은 2학년 2학기에 나오기 때문에 1학년 겨울 방학에는 덧셈, 뺄셈 훈련에 집중하고, 2학년 여름 방학에는 구구단에 집중해야 한다. 구구단을 외우는 것도 중요하지만, 2학년 때 처음 접하게 되는 곱셈의 의미를 정확하게 아는 것이 무엇보다 중요하다.

아이들은 구구단을 익힐 때 생각 없이 "이오, 십!"을 외치기 쉽다. 2와 5를 곱한다는 것이 2를 다섯 번 더한 의미라는 것을 모른 채 외우기만 하는 것이다. 곱셈을 처음 접하는 아이에게는 반드시 동수누가의 개념을 알려 주어야 한다.

★★	★★	★★	★★	★★

2 × 5 = 2 + 2 + 2 + 2 + 2와 같은 기본 개념을 정확하게 짚고 넘어가지 않으면, 문장제 응용문제를 풀지 못할 뿐 아니라 학년이 올라가면서 계속 확장되는 분수의 곱셈 개념도 이해하기 힘들다.

◆ 한눈에 보는 2학년 수학 단원과 개념

학기	단원명	2학년 수학 개념
1학기	세 자리 수	백(100), 세 자리 수
	여러 가지 도형	원, 삼각형, 사각형, 변, 꼭짓점, 오각형, 육각형
	덧셈과 뺄셈	받아올림이 있는 두 자리 수 덧셈, 받아내림이 있는 두 자리 수 뺄셈
	길이 재기	단위 길이, 1cm, 자로 길이 재기
	분류하기	기준에 따라 분류하고 세기
	곱셈	곱하기(×), 묶어 세기
2학기	네 자리 수	천(1000), 네 자리 수
	곱셈구구	2, 5단 ⇨ 3, 6단 ⇨ 4 , 8단 ⇨ 7단 ⇨ 9단
	길이 재기	1m, 길이의 합과 차
	시각과 시간	1분, 1시간, 오전, 오후
	표와 그래프	자료를 표와 그래프로 나타내기
	규칙 찾기	덧셈표, 곱셈표, 무늬, 쌓은 모양에서 규칙 찾기

2학년까지는 수학 성취 기준이 그리 어렵지 않은 것 같아도 신속하고 정확하게 연산을 마무리하고, 문장제 문제까지 잘 풀어 내기란 아이들에게 쉽지 않다.

2학년 수학 단원과 개념을 미리 살피면 아이에게 요구되는 성취 기준을 한눈에 파악하는 데 도움이 될 것이다. 이 중에서 아이에게 부족한 것은 무엇인지, 무엇을 잘하는지 확인하고 알맞게 대처해 보자.

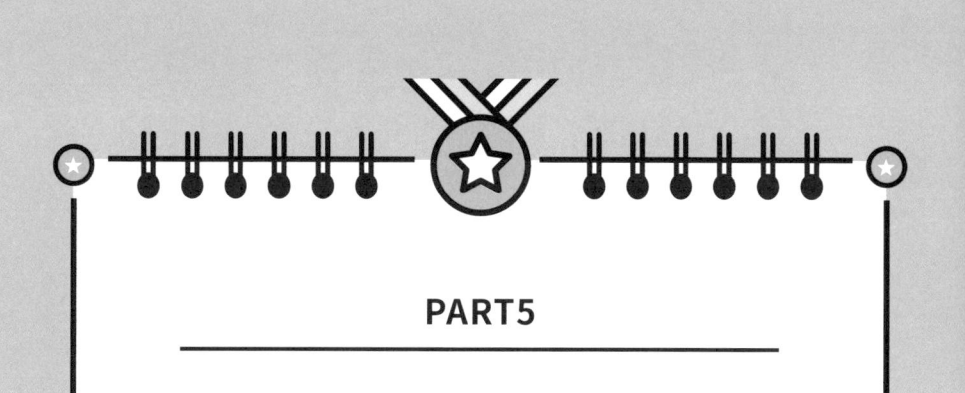

PART5

최고의 교사들이 알려 주는
3학년 방학 공부법
: 사회, 과학

3학년을 준비하는
겨울 방학 체크 리스트

☐ 사회, 과학 배경지식 쌓기
☐ 건강한 교우 관계를 위한
  감정 연습하기
☐ 연산 반복 연습하기
☐ 처음 배우는 영어와
  익숙해지기

3학년은 교과목이 대폭 변화하는 시기이다. 새로 배우는 사회, 과학 과목에 배경지식이 없으면 아이들은 어려워한다. 3학년에 올라가기 전 독서를 통해 사회와 과학 관련 배경지식을 넓혀 주도록 하자. 또한 처음 배우는 영어도 미리 접하고 올라가면 자신감 있게 수업에 참여할 수 있다.

처음 접하는 사회, 과학에
겁먹지 않도록

3학년이 되면 아이들은 학교에서 큰 변화를 겪는다. 일단 교과목이 바뀌고, 수업 시수도 많아진다. 그래서 나는 3학년이 된 아이들을 처음 만나는 3월이면 항상 이렇게 말한다.

"여러분은 3학년이 되었어요. 교과서를 보니까 새로운 게 많이 보이죠? 어떤 과목들이 보이나요? 네, 국어와 수학은 여러분이 1, 2학년 때도 배웠던 것이고 사회, 과학, 음악, 미술, 체육, 영어, 도덕은 처음 보는 교과서예요! 정말 재미있을 것 같죠?"

그러면 여기저기서 재미있을 것 같다, 어려울 것 같다, 책이 너무 많다 등 다양한 반응을 보이는 아이들에게 교과 전담 제도도 알려 준다.

"영어와 과학은 담임 선생님이 아니라 영어만 가르치시는 선생님, 과학만 가르치시는 선생님께 가서 배울 거예요."

교과 전담 제도는 수업 준비에 시간과 노력이 많이 들어가고, 전문성이 필요한 과목에 있어서 한 교사가 그 과목을 전담해서 가르치는 제도이다. 교과 전담 교사가 어떤 과목을 가르치느냐는 학교에 따라, 담임 교사의 수요에 따라 다르다. 보통 영어, 과학, 음악, 실과 등의 과목에 교과 전담 교사를 많이 배치한다.

아이들은 교과 전담 교사가 가르치는 시간이 되면 보통 교과실로 이동해서 수업을 듣고 온다. 그래서 갓 3학년이 된 학생들에게는 교과실로 이동하는 것과 저학년에 비해 늘어난 수업 시간표를 안내해 주어야 한다. 아이들은 이런 교과목의 큰 변화를 걱정하기도 하지만 대부분 흥미를 보인다. '이제는 나도 사회와 과학을 배워.' 이런 자랑스러움과 우쭐함이 느껴진다. 아이들이 처음에 갖게 된 이런 흥미를 잃지 않게 하려면 사회와 과학 과목을 어렵게 느끼지 않도록 하는 게 중요하다.

사회와 과학은 배경지식이 핵심이다. 같은 글을 읽어도 평소에 잘 알던 분야는 수월하게 읽힌다. 하지만 처음 접하는 분야는 글자를 읽어도 의미가 와닿지 않는다. 그 차이는 배경지식이다. 얼마나 많은 배경지식을 갖고 있느냐가 사회와 과학의 첫인상을 좌우한다. 사회, 과학은 세상을 읽는 눈이다. 평소에 책을 읽고, 다양한 체험을 하고, 신문과 뉴스를 보면서 부모와 많은 대화를 나눴던 아이들은 세상을 보는 눈이 넓다. 오히려 교과서 안에 담긴 내용이 더 좁을 때도 있다. 하지만 그동안 단순한 오락거리만 즐겼거나 영어, 수학 학습지에만 매몰되었던 아이들은 교과서 안 세상이 낯설기만 하다. 3학년을 맞이하기 전, 겨울 방학을 이용해 사회와 과학 교과서를 미리 살펴보고 관련된 장소로 체험 학습을 가거나 관련 책을 읽기를 권한다.

동네 탐험만으로도 사회 과목이 쉬워진다

3학년 사회 교과서에서 처음 배우는 내용은 '지도'이다. 우리 마을 또는 고장의 모습을 그려 보고 그림지도로 나타내는 활동을 한다. 18년 경력의 유지용 선생님과 한순옥 선생님은 3학년이 되기 전 부모와 함께 현재 살고 있는 마을을 둘러보는 것만으로도 교과 공부에 많은 도움이 된다고 조언한다.

"우리 고장의 모습을 익히면서 지도를 살펴보세요. 고장의 중심지에 대해서 배우니까 공공시설도 들리고, 중심지의 모습도 살피고요. 촌락과 도시의 차이에 대해 배우니 도시에 사는 친구들은 시골에, 시골에 사는 친구들은 도시에 가 보는 것도 좋겠죠?"

고장의 중심지(시내)에 가면 은행에 가서 통장을 개설하거나 행정 복지 센터에서 서류를 떼 보는 것도 좋다. 또 놀이공원이나 체험 학습장에 비치된 안내도나 간단한 지도를 활용하면 지도 개념을 배울 때 훨씬 쉽게 받아들일 수 있다.

옛날과 오늘날의 달라진 교통수단, 통신 수단, 의식주에 대한 내용도 나오므로 관련 박물관에 가거나 우리 고장의 문화유산을 구경하는 것도 좋다. 놀이처럼 여겨져 아이들이 무척 재미있게 사회 교과에서 필요한 배경지식을 쌓을 수 있을 것이다.

사회 배경지식을 넓혀 주는 책을 읽어라

배경지식이 없으면 교과서를 읽어도 이해하기 어려울 수 있다. 방학 때 교과서를 미리 받으니 관련 도서를 미리 읽혀 보자. 지식

◆ 3학년 사회 공부에 도움이 되는 책

	제목	지은이	출판사
1	『세상을 담은 그림, 지도』	김향금	보림
2	『이선비, 한양에 가다』	세계로	아이세움
3	『방방곡곡 우리 특산물』	우리누리	주니어중앙
4	『조상들은 어떤 도구를 썼을까』	우리누리	주니어중앙
5	『출동! 도와줘요 공공 기관』	손혜령	아르볼
6	『더 멀리, 더 빠르게! 미래 교통과 통신』	신선웅	뭉치
7	『우리 동네 생생 마트』	최형미	킨더주니어
8	『함께라서 좋아! 우리는 가족』	이여니	동아M&B
9	『지도 요리조리 뜯어보기』	과학아이	아이세움
10	『짚신 신고 시간 여행』	주설자	청개구리

관련 그림책일지라도, 재미있는 책들이 많다. 어른조차 빠져든다. 공부라고 생각하기보다 아이의 호기심을 자극하고 충족시키는 활동으로 재미있게 접근하자.

집에서도 가능한 과학 체험

3학년 과학에서 처음 배우게 되는 것은 '물체와 물질'이다. 철, 나무, 플라스틱, 고무 등 물건을 이루는 물질과 고체, 액체, 기체와 같은 물질의 상태에 대해 배운다. 또한 강이나 바닷가 주변의 지형, 각종 지층을 이루는 암석, 그것이 만들어지는 과정 등을 배운다.

방학 때 가족 여행을 가거나 동물원, 박물관에 간다면 이때를 활용해 교과 관련 내용을 친숙하게 접하게 하자. 강이나 바닷가에 놀러 간다면 그 주변의 지형과 돌들을 살펴보고, 단층, 습곡을 관찰한다. 아이가 겪고 바라본 모든 자연이 교과서에 나오므로, 늘 상 하는 공원 산책이라도 유심히 자연을 살펴볼 수 있도록 하자. 이 모든 활동이 쌓여 아이에게 공부가 된다.

또 특별히 어딘가에 가지 않아도 집에서 충분히 과학을 접할 수 있다. 예를 들어 집에 있는 자석으로 놀이를 하며 자석의 성질을 체험해 보거나, 차나 우유를 마실 때 계량컵이나 우유팩 등으로 부피를 재는 놀이를 할 수 있다.

과학 배경지식을 넓혀 주는 책을 읽어라

외우는 게 많은 사회와 달리 과학은 체험하는 활동이 많아 좋아하는 아이가 많다. 과학 지식 그림책 역시 재미있어한다. 교과와 연계된 책을 고르는 방법으로 교과 키워드 검색법을 추천한다. 다음 학기에 배울 내용을 훑어보고, 자석에 대해 배운다고 하면

◆ 3학년 과학 공부에 도움이 되는 책

	제목	지은이	출판사
1	『길버트가 들려주는 자석 이야기』	정완상	자음과 모음
2	『자석 삼킨 강아지』	프란치스카 비어만	주니어김영사
3	『내 이름은 파리지옥』	이지유	해그림
4	『몹시도 수상쩍은 과학 교실 1~3』	서지원	와이즈만BOOKS
5	「빨간 내복의 초능력자」 시리즈	서지원	와이즈만BOOKS
6	『알과 씨앗』	김동광	아이세움
7	『안드로메다에서 찾아온 과학 개념1: 물체와 물질, 빛과 그림자』	김진욱	과학동아북스
8	『카카오 프렌즈 과학일기 1~4』	서지원	학산문화사
9	『떴다! 지식 탐험대: 지층과 화석』	도엽	시공주니어
10	『야무진 과학씨 7』	이재윤	웅진주니어

도서관 도서 검색대에서 '자석'으로 검색을 하는 것이다. 그리고 재미있어 보이는 어린이 책을 찾아서 읽으면 된다.

또래 집단이 생기는 3학년, 감정 사용법을 가르쳐라

한순옥 선생님은 3학년 아이들의 특징에 대해 다음과 같이 말한다.

"특별히 또래 집단이란 게 없던 저학년 때와 달리 3학년부터는 점점 집단 소속감이 강해져 또래 집단이 생기기 시작해요. 공동체 의식이 발달하여 협동적이고 조직적인 놀이를 즐기게 되죠. 놀이 집단의 규모가 그만큼 확대돼요. 점심시간이면 그룹을 지어 노는 모습을 자주 볼 수 있어요. 하지만 아직 친구들 간의 서열이나 위계질서가 정해지지 않아서 다툼이 많아요. 고학년이 되면 서열이 정해져 버려서 오히려 다툼이 적은데, 3학년은 이제 서열이 정해지고 있는 때라 고자질도 많이 하고 경쟁의식이 강해져 싸움도 잦지요."

그렇다. 내가 3학년 담임을 하면서 가장 힘든 것 중 하나가 학생들의 고자질이었다. 고학년쯤 되면 자기들끼리 갈등을 해결하기도 하고, 자신과 맞지 않은 친구와 무리하게 어울리기보다 자신과 잘 맞는 친구와 어울리면서 사소한 문제를 선생님에게 해결해 달라고 하지 않는다. 하지만 중학년, 그중에서도 유난히 3학년은 어떤 감정이 들었을 때 그 감정에 대한 경과 시간이 짧고 강렬하기 때문에 지극히 사소한 문제로 싸우고 이르며 힘들어한다. 별거 아닌 문제로 화가 나서 기분이 나빴다가 또 기분이 좋았다가 하는 것이다.

한순옥 선생님은 이에 대해 이렇게 조언한다.

"3학년을 앞둔 겨울 방학에는 그 어떤 공부보다 인성 교육에 신경 써 주셨으면 좋겠어요. 친구를 존중하며 피해를 주지 않기 위해 노력하는 자세를 길러 주세요. 그것이 공동체 생활에서 가장 중요해요. 이를 위해서는 다른 사람의 말에 경청하는 습관을 갖고 있어야 해요. 가정에서부터 연습시켜 주세요. 이와 함께 아이를 향한 강압적인 태도는 주의해 주세요. 부모님이 아이에게 강압적으로 가르치면 아이는 화가 나도 그 감정을 표현하지 못해요. 화나 짜증, 불만을 표현하면 엄마 아빠한테 더 심하게 혼나거든요. 그러면 부정적인 감정을 표현하는 법을 배우지 못해요. 이런 아이들은 자신의 감정을 서투르게 표현하다 보니 친구와 더 다투게 돼요. 아이의 의견에 귀 기울여 주면서도, 아이가 자신의 감정을 긍정적이든 부정적이든 잘 표현할 수 있도록 감정 연습을 시켜 줘야 해요. 그러면 학교생활도 보다 즐거워지고 아이 스스로도 행복감이 올라가요."

감정은 보이지 않기에 소홀하기 쉽다. 특히 한순옥 선생님의 말처럼 아이의 부정적 감정 표현에 유독 취약한 부모들이 있다. 아이의 감정이 불편하다 보니 소리를 지르거나 강압적으로 대응하게 되는 것이다. 이런 환경은 아이에게 자신의 감정을 숨기고 억누르는 습관을 가지게 한다. 해소되지 못한 감정은 인간관계뿐만 아니라 아이 자신에게도 안 좋은 영향을 미친다. 건강하게 자신의 감정을 받아들이고 표현할 수 있도록 가르쳐야 한다. 부모가 먼저 부정적인 감정에 대해 "엄마 아빠는 ~해서 속상해."와 같이 표현하고, 아이도 "그렇게 하지 않았으면 좋겠어. 지금 너무 속상하고 화가 나."라고 표현할 수 있도록 하자. 본격적인 친구 맺기가 시작되는 3학년 시기를 비롯하여 앞으로 아이가 맺게 될 다양한 관계에서 힘이 되어 줄 것이다.

◆ 친구 관계 추천 도서

	제목	지은이	출판사
저학년	『친구를 모두 잃어버리는 방법』	낸시 칼슨	보물창고
	『짝꿍 바꿔 주세요!』	다케다 미호	웅진주니어
	『인기 꽝 황민호, 인기 짱 되다!』	이서윤	풀빛
	『화가 나!』	최형미	을파소
중학년	『내 멋대로 친구 뽑기』	최은옥	주니어김영사
	『친구 관계의 기술』	정우진, 이민식	위즈덤하우스
	『화 잘 내는 법』	시노 마키, 나가나와 후미코	뜨인돌어린이
	『동의』	레이첼 브라이언	아울북
	『나는 투명 인간이다』	박성철	아이앤북
	『끝까지 초대할 거야』	박현숙	잇츠북어린이
	『양파의 왕따 일기』	문선이	푸른놀이터
고학년	『내 편 만들기』	아이카와 아쓰시, 이카리 에미코	루덴스미디어
	『진짜 친구를 만드는 관계의 기술』	에일린 케네디-무어, 크리스틴 맥러플린	라임
	『우정이 맘대로 되나요?』	문지현, 박현경	글담
	『체리새우: 비밀글입니다』	황영미	문학동네
	『걱정 (덜어내는) 책』	레이첼 브라이언	아울북

3학년 때 완벽하게 잡아야 하는
수학 개념

　　3학년 때는 1, 2학년 때 배웠던 기초 원리를 다시 한번 정리하는 한편, 처음 배우는 개념들이 많으므로 아이들이 어려워할 수 있는 수학 개념을 선행 학습으로 대비하면 좋다. 3학년 때 배우는 나눗셈, 분수, 소수, 도형 등의 개념들이 학년이 올라갈수록 심화(1, 2학년은 수 감각을 기르는 시기, 3, 4학년은 수학의 기초를 완성하는 시기, 5, 6학년은 그것을 응용, 확장하여 공약수, 공배수, 겉넓이, 부피, 비례식 등 어려운 개념을 배우는 시기)되기 때문에 탄탄하게 잡아 줘야 한다. 또한 3학년은 곱셈, 나눗셈까지 모두 등장하면서 사칙연산의 기초를 완성하는 시기이다. 4학년 수학에서는 그때까지 배운 사칙연산이 섞여 혼합 계산을 하게 되므로 3학년 때는 연산을 모두 완성해야만 한다.

◆ 학년별 연산 목표

1, 2학년	3, 4학년	5, 6학년
• 두 자리 수 범위의 덧셈과 뺄셈 • 곱셈	• 세 자리 수의 덧셈과 뺄셈 • 자연수의 곱셈과 나눗셈 • 분모가 같은 분수의 덧셈과 뺄셈 • 소수의 덧셈과 뺄셈	• 자연수의 혼합 계산 • 분모가 다른 분수의 덧셈과 뺄셈 • 분수의 곱셈과 나눗셈 • 소수의 곱셈과 나눗셈

    1학년에서 6학년까지의 연산 내용을 살펴보면 매우 유기적으로 연결되어 있음을 알 수 있다. 저학년에서 구체적 조작물로 수 감각과 덧셈, 뺄셈, 곱셈을 익힌 뒤 중학년에서 빠르고 정확한 연산을 연마한다. 고학년에서는 중학년 때까지 연마한 연산을 바탕으로 심화 개념을 배워 나간다. 즉 3학년 수학의 최대 목표는 고학년 때 심화 개념을 이해하고 능숙하게 활용할 수 있도록 연산을 반복 연습하는 것이다.

    그렇다고 연산의 바탕이 되는 수학 개념을 간과해서는 안 된다. 겨울 방학에는 아이가 전 학년에 배운 개념을 잘 인지하고 있는지, 단순히 계산법을 암기하여 풀고 있지는 않은지, 헷갈려하는 부분은 없는지를 중점적으로 확인하는 시간이 필요하다.

    다음은 아이들이 어려워하는 내용이다. 이를 참조하여 3학년 진학을 앞둔 겨울 방학에 이 부분에 보다 신경 써 예습을 하고, 여름 방학 때 아이의 약한 부분을 체크하여 보강하길 바란다.

도형의 정의 확실히 알기

3학년 때 평면도형이 나오며 선분, 반직선, 직선, 각, 직각, 직각삼각형, 직사각형, 정사각형의 정의를 배운다. 그런데 4학년 아이들에게 3학년 도형 내용을 제대로 알고 있는지 확인하면 선분과 직선의 차이, 도형의 정의에 대해 제대로 알고 있는 아이는 몇명 되지 않는다.

중학 수학에서 아이들이 굉장히 어려워하는 부분이 바로 도형이다. 중학 도형은 3~6학년까지 배운 도형의 정의와 성질을 기본으로 한다. 도형을 탄탄히 다질 수 있도록 3학년 때부터 개념을 잡아 줘야 한다. 많이 그려 보고, 정의를 확실히 아는 것이 중요하다.

또 2학기 3단원에서 배우는 원의 중심, 원의 반지름, 원의 지름과 같은 정의를 확실히 알고 컴퍼스를 능숙하게 이용하여 원과 원이 포함된 다양한 모양을 그릴 수 있어야 한다.

나눗셈에서 헷갈리는 부분

나눗셈에는 '똑같이 하나씩 나누어 주기(등분제)'와 '똑같이 덜어 내기(포함제)'의 두 가지 개념이 있다. 헷갈리기 쉬우니 집에서 과자, 사탕, 블록 같은 구체물로 직접 덜어 내거나 나누어 보면서 개념을 확실하게 해야 한다.

똑같이 하나씩 나누어 주기는 다음 그림과 같은 상황이다. 사탕 여섯 개를 접시 세 개에 하나씩 나누어 담는다. 남은 사탕이 하나도 없을 때 각 접시에 담긴 사탕의 수는 두 개이다. 세 접시에 같은 개수로 나누는 이것이 '등분제'의 개념이다.

똑같이 덜어 내기는 다음 그림과 같다. 바둑돌 열여섯 개를 네 개씩 덜어 낼 때, 몇 번 덜어 내면 0이 되는지 보는 것이다. 16에 4가 몇 번 포함되어 있는지를 보는 이것이 '포함제'의 개념이다.

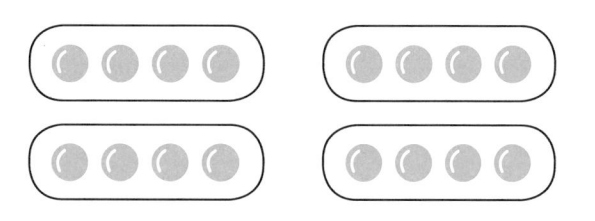

다음 예시 문제를 통해 아이가 등분제인지, 포함제인지를 구분하는지 확인해 보자. 물론 교과서에서는 등분제, 포함제와 같은 용어를 사용하지 않는다. 하지만 나눗셈의 개념을 폭넓게 사고할

수 있어 이러한 학습 과정이 꼭 필요하다.

문제 1. 전체 10개의 사과가 있습니다. 한 사람당 2개씩 나눠 주면
몇 명에게 나눠 줄 수 있습니까?

답 : 5명

풀이 : 10-2-2-2-2-2=0, 10개의 사과를 0이 될 때까지 2개씩 덜
어 내면 몇 번 덜어 내느냐를 묻고 있다. 이것은 덜어 내는 의미의
포함제 문제이다.

문제 2. 전체 10개의 사과가 있습니다. 5명이 똑같이 나눠 먹으
려면 한 사람당 몇 개씩 먹을 수 있습니까?

답 : 2개

풀이 : 10개의 사과를 5명에게 사과가 떨어질 때까지 나눠 주었을 때 한 명당 몇 개씩 사과를 갖게 되는지 묻고 있다. 등분제 문제이다.

시간 계산

그동안 10을 기준으로 한 받아올림, 받아내림만 하다가 60이 기준이 되니 아이들이 많이 헷갈려한다. 17초에서 33초를 뺄 수 없으니 '1분=60초'인 점을 떠올려 77에서 33을 빼야 하는데 33에서 17을 빼서 계산하는 아이도 많다. 다음 문제를 아이와 함께 풀어 보자.

예시 문제

$$27분\ 17초$$
$$-\ 8분\ 33초$$

?

답 : 18분 44초

3학년 분수에서 헷갈리는 부분

분수 개념을 처음 배우기 때문에 어려움을 겪을 수 있다. 일상생활에서 음식을 나눠 보는 등 분수 개념을 이해할 수 있도록 도와주어야 한다. 1학기에는 하나를 같은 크기로 나눠 보기, 2학기에는 여러 개를 같은 개수로 나눠 보기 개념이 등장하는데, 2학기의 내용에서 많은 어려움을 겪는다. 개념 이해를 위해 1학기 분수와 2학기 분수를 함께 살펴 보자.

1학기 분수의 목표는 전체와 부분의 크기를 아는 것이다. 다음 문제를 풀어 보자.

문제. 전체에 대하여 색칠한 부분의 크기를 분수로 쓰시오.

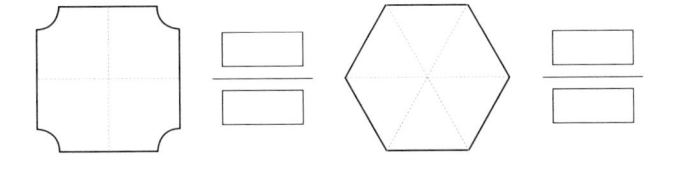

답은 각각 $\dfrac{2}{4}$, $\dfrac{3}{6}$ 이다. 다음은 3학년 2학기 분수 내용이다.

문제. 12의 $\dfrac{4}{6}$ 는 얼마입니까?

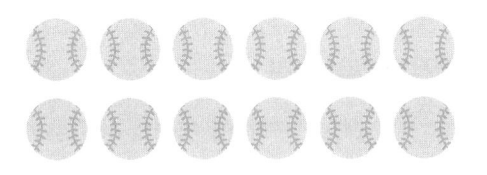

열두 개를 여섯 묶음으로 나눈 것 중에 네 묶음이란 뜻으로, 그

림으로 표현하면 아래와 같다. 답은 8이다.

이때 많은 학생이 원리를 이해해서 묶음으로 나눠서 푸는 것이 아니라 선행 학습을 통해 익힌 '자연수×분수'의 계산법을 적용하여 풀어낸다. 반드시 원리를 짚고 넘어갈 수 있도록 해야 한다.

(두 자리 수)×(두 자리 수) 곱셈

구구단을 터득한 아이들은 (두 자리 수)×(한 자리 수), (세 자리 수)×(한 자리 수)는 비교적 쉽게 해내는 반면, 두 자리 수끼리의 곱셈은 상당히 어려워한다. 이런 경우 교과서에 나오는 것처럼 사각형 그림으로 먼저 이해하게 하면 좋다.

예를 들어 52×13을 계산한다고 해 보자. 두 자리 수 곱셈은 보통 세로셈으로 바꿔서 계산하는 방법을 배운다. 이때 십의 자리 수의 곱셈은 뒤에 한 칸을 비워 놓고 써야 한다는 사실을 아이들은 종종 잊어버린다. 즉 156+520을 해야 올바른 세로셈의 답이 도출되는데

$$
\begin{array}{r}
52 \\
\times\, 13 \\
\hline
156 \\
520 \\
\end{array}
$$

156+52를 하고 마는 것이다.

어떤 두 자리 수의 곱셈이 나와도 다음 그림처럼 하면 쉽게 풀린다. 세로셈으로 바꿔서 계산했을 때 왜 그렇게 계산해야 하는지 원리를 알게 되어 실수가 없어진다.

십의 자리 수 50과 일의 자리 수 2를 사각형 가로에 표시한다. 그리고 52에 곱하는 수인 13을 사각형의 세로에 표시한다. 그리고 선으로 연결하면 네 칸의 사각형이 만들어진다. 각 사각형의 넓이를 계산하면, 52×13의 답이 나온다.

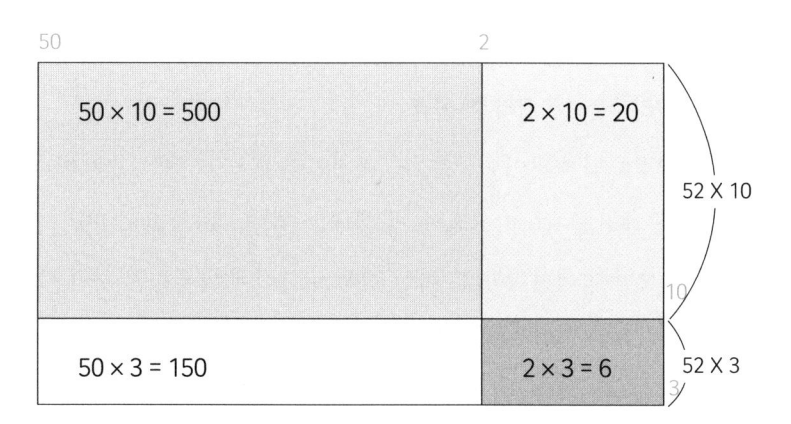

(500+20) + (150+6)이 되어 676이 도출된다. 38×12를 사각형 계산으로 한번 연습해 보자.

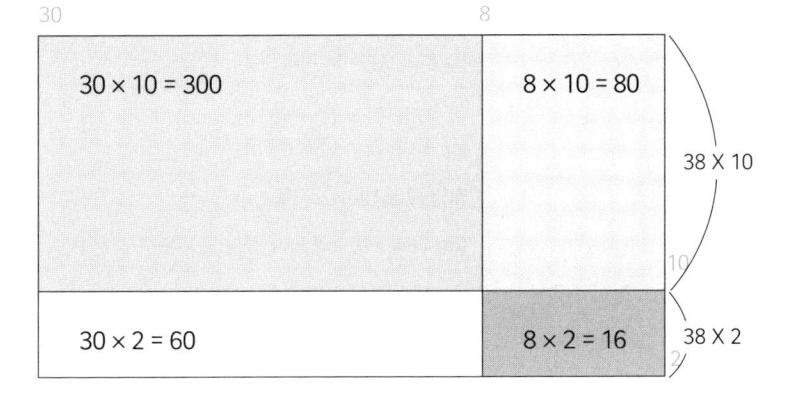

　　(300+80) + (60+16)으로 답은 456이다. 이를 반복적으로 연습하면 개념을 확실하게 익힐 수 있다.

◆ 한눈에 보는 3학년 수학 단원과 개념

학기	단원명	3학년 수학 개념
1학기	덧셈과 뺄셈	받아올림이 있는 세 자리 수의 덧셈, 받아내림이 있는 세 자리 수의 뺄셈
	평면도형	선분, 반직선, 직선, 각, 변, 직각, 직각삼각형, 직사각형, 정사각형
	나눗셈	나누는 수가 한 자리 수인 나눗셈의 계산 원리 이해하고 계산하기(구구단으로 가능한 나눗셈)
	곱셈	(두 자리 수) × (한 자리 수)
	길이와 시간	1mm, 1km, 1초, 초 단위까지 시간의 덧셈, 뺄셈
	분수와 소수	양의 등분할, 단위분수, 소수 한 자리 수 이해하고 소수 크기 비교하기

2학기	곱셈	(세 자리 수) × (한 자리 수), (두 자리 수) × (두 자리 수)
	나눗셈	(두 자리 수) ÷ (한 자리 수), (세 자리 수) ÷ (한 자리 수)
	원	원의 중심, 반지름, 지름
	분수	이산량에서 분수의 의미, 진분수, 가분수, 대분수
	들이와 무게	들이와 무게의 단위, 1L, 1mL, 1kg, 1g, 1t
	자료의 정리	표, 그림그래프

처음 배우는 영어,
어디까지 준비해야 할까?

영어도 3학년 때 등장하는 새로운 과목 중 하나이다. 그래서일까. 3학년 학부모 상담을 진행하면 많은 분이 영어 때문에 걱정을 한다. 그중에서도 '영어 유치원에 보내지 않은 데서 오는 우려'가 가장 크다. 정말 놀랍게도 영어 유치원에 다닌 아이일지라도 별로 특별한 게 없다. 그러니 그런 걱정은 넣어 둬도 괜찮다.

그렇다면 언제부터 영어를 공부하는 게 좋을까? 영어 교육에 대해 한 번쯤 고민해 보길 바라는 마음과 가치관을 세우는 데 도움이 되었으면 하는 바람에 적절한 영어 교육 시기에 대한 생각을 적어 볼까 한다.

영어 습득 시기와 관련한 연구는 상당히 많다. 언어에는 '결정적 시기 가설'이라는 것이 있는데, 인간은 2세부터 사춘기 이전에 언어를 배워야 하고 이 시기를 놓치면 언어를 배우기 어렵다는 것이다. 하지만 성인이 된 후에 영어를 배우기 시작했지만 원어민 수준에 오른 사람도 있다. 그래서 어떤 학자들은 '결정적 시기'가 아니라 '민감한 시기'라는 용어를 사용한다. 그렇다면 영어를 배우는 데 있어 민감한 시기는 언제일까?

한 실험에서 모국어가 아니라 제2언어로 영어를 동일한 기간 동안 배운 학생을 대상으로 점수를 얻어 언어 내용(발음, 문법, 구문의 능숙도, 어휘, 화용)으로 나누어 분석했다. 그 결과, 발음 면에서는 나이 어린 집단이 높은 점수를 보였으나, 문법이나 구문의 능숙도 면에서는 나이 많은 집단이 더 높은 점수를 받았다. 똑같은 기간 동안 영어를 배운 경우, 발음을 제외하면 나이 많은 학생이 나이 어린 학생보다 더 잘하고 빨리 습득한다는 것을 알 수 있었다. 그동안 모국어를 통해 배운 것들이 있으니 영어에도 적용이 빠를 수밖에 없었던 것이다.

어릴 때 영어를 배우면 모방력이 뛰어나서 완벽한 발음을 배울 수 있고 영어에 대한 언어 감각도 형성되니 늦게 배우는 것보다 유리한 점이 분명히 있다. 하지만 어렸을 때 영어를 시작한다 해도 충분히 영어를 접하고 사용할 수 있는 환경이 주어져야 한다. 우리나라에서는 영어를 접하는 양이 절대적으로 부족하고(영어 유치원에 다닌다 할지라도, 실제 상황과 교실 상황의 영어 입력은 또 다르기 때문에), 영어를 실제로 사용할 수 있는 기회가 거의 없기 때문에 일찍 시작해도 영어 습득의 효과를 누리기 힘들다.

비싼 원비 때문에 아무나 못 다니는 영어 유치원에 보낸다는 자부심, 아이의 미래를 위해 남들과 다르게 영어 공부를 시켜야 한다는 압박감이 비싼 영어 유치원으로 부모들을 내몰고 있는 듯하다. 하지만 4~10세까지 1년에 몇천만 원씩 들여 가르친 영어를 10세 아이에게 가르치면 5~6개월이면 배운다.

따라서 영어 교육을 시작하는 시점은 현재 우리나라의 환경, 일찍 영어 교육을 시작했을 때의 장단점, 경제성, 효율성을 함께 고려해야 한다. 5세에 영어를 시작한 아이와 8세에 영어를 시작한 아이가 9세가 되었을 때 실력 차이가 나지 않을 수도 있으며 그런 경우를 실제로 많이 본다. 오히려 외국어 공부를 일찍 시작하면 모국어 발달에 저해가 되기도 한다. 차라리 그 시간에 놀이를 하고 그림책을 본다면 상상력과 사고력을 기를 수 있다. 이런 이유로 영어는 5세보다는 8~10세에 시작하는 게 가장 효율적이라고 생각한다.

언어 감각이 뛰어나고 영어에 흥미가 있는 아이라면 1~2학년 때부터 영어 오디오 파일을 이용해 영어 환경에 노출시키는 것이 좋지만 아닌 아이라면 2학년 겨울 방학 때 시작해도 충분하다.

미리 영어를 공부하고 온 아이와 공부하지 않고 온 아이의 영어 실력은 사실 큰 차이가 나지 않는다. 단지 자신감의 차이일 뿐이다. 자신감이 있는 아이는 재미있게 공부한다. 영어에 대한 흥미와 자신감을 충전한다는 생각으로, 영어 노래나 동화 듣기처럼 부담 없는 선에서 영어를 접한 뒤 3학년을 맞이하길 바란다.

영어 공부는 듣기에서 시작해야 한다. 반복적으로 듣다 보면 어느 순간 아이가 들은 것을 흥얼거리거나 말하는 순간이 온다. 음성 언어의 입력과 출력이 이루어지는 것이다. 그런 뒤 영어책 읽기를 통해 문자를 입력해야 한다. 아이들은 영어를 읽을 수 있을 때 영어에 대한 자신감이 급상승한다. 이렇듯 소리와 문자를 연결하며 영어를 접하다 보면 자연스럽게 영어를 읽을 수 있게 되는데 영어 소리에 대한 공부, 즉 파닉스 공부를 함께 병행하면 더욱 좋다.

EBSe에도 좋은 자료가 많고 각 지역 도서관에도 영어 동화책과 오디오북이 많이 구비되어 있으니 적극 활용해 보자. 유튜브에도 무료로 볼 수 있는 영어 애니메이션이 많으니 참고하면 좋겠다.

3학년 영어 수업 전, 어디까지 영어를 알고 와야 하냐는 질문을 많이 받는다. 정해진 것은 없으나 수업에 자신감을 가지려면 어느 정도 알파벳과 파닉스를 익히고 들어오는 것이 좋다. 또 영어 문자와 친해지기, 영어 영상 보기와 더불어 영어책을 보는 것이 좋은데, 그림책을 읽으면 영어와 친해질 수 있고, 소리와 문자의 대응도 이루어질 수 있다. 영어책 독서는 비영어권에서 자연스럽게 영어를 노출시키는 데 필수적이고 필연적이다. 그림책부터 시작해 차근차근 수준을 높이며 어휘, 문법, 읽기, 쓰기를 모두 잡아

채널 이름(검색 키워드)	설명
Max and Ruby(맥스 앤 루비)	토끼 남매 맥스와 루비의 이야기
Curious George(큐리어스 조지)	호기심 많은 원숭이의 이야기
Pororo the Little Penguin(뽀로로)	꼬마 펭귄 뽀로로와 친구들의 이야기
Charlie and Mimmo(찰리 앤 미모)	우리나라에 추피와 두두로 소개된 캐릭터의 영어 원작
Timothy Goes to School (티모시 학교에 가다)	이제 학교에 가기 시작한 티모시의 학교생활 에피소드
Peppa Pig(페파피그)	귀여운 돼지 페파 가족의 이야기
Maisy(메이지)	메이지라는 생쥐의 에피소드
The Berenstain Bears (베렌스타인 베어스)	아동 도서 베렌스타인 베어스의 애니메이션, 네 마리의 곰 베렌스타인 가족의 이야기
Sofia the First(소피아 더 퍼스트)	디즈니 소피아 더 퍼스트 공주의 이야기
Caillou(까이유)	장난꾸러기 네 살 꼬마 까이유의 이야기
Horrid Henry(호리드 헨리)	꼬마 악동 헨리가 펼치는 일상 이야기

가야 한다.

상황에 맞게 단어가 바뀌는 단순 반복 패턴, 등장인물이 대화하는 대화식 반복 패턴, 이야기가 전개되면서 표현들이 점점 증가하는 누적식 반복 패턴 등의 단순한 그림책을 먼저 접하게 하는 것이 좋다. 가까운 도서관이나 중고 서점을 이용하면 부담을 줄일 수 있다. 아래 목록은 필수적으로 읽어야 할 책은 아니다. 이런 종류의 영어 그림책이 있구나 정도로 생각하면 된다.

	제목	지은이
1	『Clap your hands』	Lorinda Bryan Cauley
2	『Five Little monkeys jumping on the bed』	Eileen Christelow
3	『Mrs. Wishy-Washy』	Joy Cowley
4	『I love you when』	John Edward Hasse
5	『When I was five』	Arthur Howard
6	『Clocks and more clocks』	Pat Hutchins
7	『We're going on a bear hunt』	Helen Oxenbury, Michael Rosen
8	『Quick as a cricket』	Audrey Wood, Don Wood
9	『Who sank the boat?』	Pamela Allen
10	『Have you seen my cat?』	Eric Carle
11	『Where is the green sheep』	Mem Fox, Judy Horacek
12	『I love mud and mud loves me』	Vicki Stephens
13	『Monster, monster』	Melanie Walsh

아이가 파닉스를 조금 뗐다면 아주 쉬운 리더스북을 읽어 본다. 리더스북은 어휘, 문법, 문장의 난이도에 따라 단계별로 구성된, 교육용 목적에 초점을 맞춘 영어 원서이다. 읽기 연습을 하는 데 좋다. 단계에 따라서 사용되는 어휘가 제한되어 있어서 풍부한

표현은 배우기 힘들지만 수준에 맞는 읽기 연습을 통해 성취감을 얻을 수 있다.

◆ 참고할 만한 영어책

시리즈 명	「Step into Reading」
	「Ready to Read」
	「Scholastic Reader」
	「Bob Books」
	「DK Readers」
	「I can read My firstbook」
	「Fly Guy」
	「Elephant Piggie」
	「Biscuit」

3학년 여름 방학
체크 리스트

□ 음독에서 묵독으로 넘어가기
□ 한자 공부하며 어휘력 키우기
□ 리코더 불며 계이름 익히기
□ 타자 연습하기

음독에서 묵독으로 넘어간다는 것은 글을 읽는 독해력과 집중력이 강해졌다는 것이다. 학년이 올라갈수록 양도 늘고 수준도 높아지는 글을 계속 소리 내어 읽을 수는 없는 노릇이다. 저학년의 읽기 방법에서 벗어나서 성공적으로 묵독을 할 수 있도록 도와주자. 그와 더불어 세상을 바라보고 표현하는 도구인 어휘를 확장시키기 위해서 조금씩 한자 공부를 하면 좋다.

저학년의 읽기에서
벗어나야 한다

3학년은 책을 좋아하는 아이와 싫어하는 아이가 나뉘는 시기이다. 20년 경력의 강희준 선생님은 중학년의 독서 경험을 제일 중요하게 꼽는다. 1, 2학년 때는 주로 글이 별로 없고 그림이 많은 책을 읽으니 말을 안 해도 책을 잘 읽는다. 하지만 3, 4학년이 되면 글자가 늘어나고 배경지식이나 어휘력이 있어야 이해되는 내용이 많아지면서 책을 읽기 힘들어하는 아이들이 생기기 시작한다. 그런 아이들은 책을 읽다 말거나 여전히 저학년 수준의 그림책에서 벗어나지 못한다.

더욱이 이 시기 부모는 아이가 글자를 뗐다고 생각하여 독서에 대한 관심을 놓아 버리는 경우가 많다. 그리고 관심을 엉뚱한 데에 쏟곤 한다. 혹시 담임 선생님이 아이를 차별하진 않는지, 아이에게 상처 주는 건 아닌지 신경을 곤두세우느라 정작 아이가 친구와 잘 지내는지, 숙제는 제대로 하고 있는지, 어떤 책을 읽고 수학 실력은 어느 정도인지에 대해서는 관심을 두지 않는다. 알고 있다고 생각하기 때문이다. 학원에 보냈으니까 수학 공부를 하고 있겠지, 책 좀 읽으라고 하면 알았다고 하니까 읽고 있겠지, 숙제했냐고 물으면 했다고 하니까 해 가겠지 생각한다.

학년이 올라간다고 저절로 독서력이 길러지지는 않는다. 평상시 책을 좋아하는 아이라면 아이의 지적 호기심을 충족시켜 주면서도 독서 능력을 향상시킬 수 있도록 다양한 분야의 읽을거리를 제공해 주어야 한다. 또 책을 멀리하는 아이라면 지금부터라도 책에 관심을 가질 수 있도록 기회를 제공해야 한다. 독서 과도기인 3학년, 성공적인 독서 경험을 많이 만들어 주어 그림책에서 이야기책으로 넘어갈 수 있도록 도와주자.

한 권을 끝까지 읽어 내는 경험이 중요하다

책을 손에서 놓기 시작하면 한도 끝도 없다. 저학년은 권선징악이 분명한 동화를 좋아한다. 3학년은 환상과 현실이 결합된 이야기, 모험 이야기를 좋아한다. 「제로니모의 환상 모험」(제로니모 스틸턴, 사파리) 시리즈나 「마법의 시간 여행」(메리 폽 어즈번, 비룡소) 시리즈와 같은 상상 속 이야기를 읽으면서 책의 재미를 느낄 수 있다.

평소 읽던 글보다 조금 더 긴 글의 책을 끝까지 읽어 내는 경험을 만들어 주는 것도 대단히 좋다. 단, 아이가 좋아하는 주제나 분야의 책이어야 한다. 그림 동화책에서 벗어나 그림이 적고 글이 많은 두꺼운 책을 읽는 재미를 알려 줄 수 있다.

아이가 책을 끝까지 읽었다면 과장된 리액션으로 충분히 칭찬

◆ 한 권을 끝까지 읽기 좋은 재미있는 책

	제목	지은이	출판사
1	「건방이의 건방진 수련기」 시리즈	천효정	비룡소
2	「간니닌니 마법의 도서관」 시리즈	안성훈	아울북
3	「이상한 과자 가게 전천당」 시리즈	히로시마 레이코	길벗스쿨
4	「수상한」 시리즈	박현숙	북멘토
5	「캡틴 언더팬츠」 시리즈	대브 필키	보물창고
6	『찰리와 초콜릿 공장』 외 「로알드 달」 시리즈	로알드 달	시공주니어
7	「제로니모의 환상 모험」 시리즈	제로니모 스틸턴	사파리
8	「정말 못 말리는 웹」 시리즈	매트, 데이브	사파리
9	「이사도라 문」 시리즈	해리엇 먼캐스터	을파소
10	「추리 천재 엉덩이 탐정」 시리즈	트롤	아이세움
11	「마법의 시간 여행」 시리즈	메리 폽 어즈번	비룡소

해야 한다. "이렇게 두꺼운 책을 혼자 다 읽었어? 대단하다!" 부모도 그 책을 읽고 함께 이야기를 나누면 좋은데 읽었는지 안 읽었는지 확인한다는 의미보다는 '함께' 이야기해 본다는 데 의미를 두어야 한다.

음독에서 묵독으로

소리 내어 읽는 것을 '음독(音讀)'이라고 하고 소리 내지 않고 눈으로 읽는 것을 '묵독(默讀)'이라고 한다.

음독 : 눈 ⇨ 입 ⇨ 귀 ⇨ 두뇌

묵독 : 눈 ⟹ 두뇌

음독과 묵독의 인지 과정을 살펴보면 음독은 '이해'의 과정이 수행되기까지 여러 단계를 거치게 되어 독서의 속도와 효율성이 떨어진다. 따라서 독서의 최종 목표는 묵독이라 할 수 있다. 그러나 음독을 제대로 하지 않고 묵독으로 넘어가면, 묵독을 했을 때 독해력이 떨어진다. 그래서 저학년 때는 스스로 소리 내어 책을 읽거나 부모와 교대로 소리 내어 읽는 음독을 하는 게 좋다. 일본 토호쿠 대학의 카와시마 류타 교수의 연구에 따르면 소리 내어 읽으면 뇌의 신경 세포가 70퍼센트 이상 반응한다고 한다. 또한 음독을 하면 아이의 읽기가 유창한지, 발음을 정확하게 하는지 등을 알 수 있다. 「읽기 방식에 따른 읽기 이해 부진 학생의 이야기 글 이해 능력」이라는 논문을 보면 서울, 경기, 인천 지역에 거주하는 초등 5학년 읽기 이해 부진 학생 열 명과 일반 학생 열 명을 대상으로 한 음독과 묵독의 읽기 방식에 따른 아이들의 이해 능력 평가 연구가 나온다. 연구 결과 음독을 할 때 부진 학생과 일반 학생 모두 글에 대한 이해도가 높았다. 하지만 일반 학생은 음독과 묵독에 따른 이해 정도의 차가 크지 않았다.

읽기 부진 학생들은 음독에서 묵독으로 넘어가는 과도기를 제대로 겪어 내지 못했다고 볼 수 있다. 초등학교 1, 2학년 때는 아이들이 한글을 배우고 글자와 소리의 관계를 인식하면서 소리 내어 읽는 음독이 중요하다. 하지만 초등학교 3, 4학년 때는 음독의 속도보다 묵독의 속도가 더 빨라지는 음독과 묵독의 과도기이다. 저학년 때 음독 훈련을 충분히 하여 중학년 때는 안정되게 묵독으로 넘어갈 수 있어야 한다.

음독과 묵독 중 어느 읽기 방식이 더 좋다고 단정 지을 수는 없다. 읽기 목적에 따라 다르기 때문에 음독과 묵독의 조화가 필요하다. 책 읽기 초기 단계에서는 충분한 음독이 필요하고, 학년이 올라가면서 많은 글을 빠르게 읽어야 할 때는 묵독으로 적절하게 정보를 읽어 낼 수 있어야 한다.

3학년 여름 방학 때 아이의 읽기 수준을 점검해 보자. 『초등 적기독서』(장서영, 글담출판)에서는 음독에 문제가 있는 아이들은 다음과 같은 특징을 보인다고 한다. 한두 가지에만 해당되어도 묵독으로 넘어가기보다 음독 훈련을 충분히 해야 한다.

- ☐ 한 글자 또는 한 낱말씩 읽는다.
- ☐ 단어나 구절의 끊어 읽기가 안 된다.
- ☐ 앞뒤 낱말의 순서를 바꿔 읽는다.
- ☐ 한 줄을 건너 띄고 읽는다.
- ☐ 익숙하지 않은 글자는 빼고 읽는다.
- ☐ 조사를 자주 빼고 읽는다.
- ☐ 책에 없는 낱말을 만들어 읽거나 다른 낱말로 바꿔 읽기도 한다.
- ☐ 쉼표, 온점, 물음표, 느낌표 등 구두점을 무시한다.
- ☐ 손가락으로 글자를 짚어야 읽을 수 있다.
- ☐ 묵독을 할 때 자연스럽지 못하고 입으로 중얼중얼하며 읽는다.
- ☐ 읽는 속도가 느리다.
- ☐ 읽고 나서 무엇을 읽었는지 글의 내용을 이해하지 못한다.

학습 만화라도 읽히는 게 나을까?

아이가 학습 만화만 읽으려고 할 때 '이거라도 읽는 게 어디야.' 하면서 저지하지 않는 경우가 많다. 나 역시 갓 교사가 되었을 때는 교실에서 학습 만화만 읽거나 독서록으로 학습 만화만 써 와도 별말을 하지 않았다. 학습 만화만 읽던 아이들은 결국 글이 많은 책도 읽게 되었을까? 1년이 지나도 그 아이들은 학습 만화만 읽고 있었다. 물론 학습 만화에도 유익한 내용이 많고 어려운 내용을 쉽게 접근하게 해 준다는 장점이 있지만, 만화의 줄거리 자체에만 집중하게 되고 글이 많은 책으로 넘어가지 못하게 하는 단점도 있다. 그래서 나는 아이들이 학습 만화만 읽지 않도록, 학습 만화를 한 권 읽으면 글이 많은 책 한 권을 반드시 읽게 하는 식으로 비율을 맞추고 있다. 처음에는 억지 춘향으로 책을 읽던 아이들도 경험이 반복되자 점점 글 많은 책도 재미있어한다.

이와 함께 책에 대한 아이들의 관심을 높이기 위해 교실에서 '책 읽어 주기'와 '책 소개하기' 활동을 자주 한다. 읽히고 싶은 책을 매일 조금씩 읽어 주거나, 영화 예고편처럼 소개해 주는 것이다. 그러면 그 책을 빌리거나 사서 읽는 아이가 급격히 늘어난다. 이 방법으로 다양한 책을 읽힐 수 있다. 가정에서도 한번 적용해 보길 바란다.

흥미 있는 책으로 끝까지 읽어 내는 힘이 생기면 자신이 좋아하는 책 취향이 생길 것이다. 그러면 좋아하는 분야의 책을 깊게 읽도록 한다. 그러고 나서는 다양한 영양을 섭취하듯 다양한 읽을거리를 제공하여 골고루 접하게 하자.

방학 때 하루 두 글자씩
한자를 가르쳐야 하는 이유

　교실에서 아이들의 어휘력을 보고 있노라면 기가 찬다. 이렇게까지 간단한 단어 뜻도 모르는구나 싶어서 안타깝다. 아이들은 영어 단어의 뜻을 모르면 창피해하면서 우리나라 말을 모르는 것은 '그럴 수도 있지.' 하고 대수롭지 않게 여긴다.

　요즘에는 한자를 배우는 아이들이 별로 없다. 영어의 중요성이 강조되면서 영어 공부를 하느라 한자까지 익힐 시간이 없기 때문인 것 같다. 그래도 한 반에 한자를 공부하는 아이들이 서너 명 정도는 되는데, 한자를 한 번이라도 접해 본 아이와 아닌 아이의 어휘력은 확연히 차이가 난다. 우리나라의 많은 단어가 한자어인 상황에서 기본 한자를 알면 단어가 왜 그런 뜻을 갖게 되었는지 알게 되어 같은 한자가 들어간 다른 어휘의 뜻을 유추할 수 있게 되기 때문이다. 헷갈리는 맞춤법에도 강해지고 사용하는 어휘 수준도 높아진다.

예를 들어 '등고선(等高線)'을 높이가 같은 지점을 연결한 선이라고 가르쳐 주면, 한자를 아는 아이들은 "아, 선생님, 저기서 고가 높을 고(高)예요?"라고 물으며 금방 이해한다. 하지만 그렇지 않은 아이는 등구선, 고등선, 등보선 등 다양하게 오답을 써 놓는다. 한자를 익힌 아이들은 혼동되는 어휘도 금방 가려낸다. "강우량(降雨量)은 비가 얼마나 내렸는지의 양이고 강수량(降水量)은 물이 내린 양이니까 눈과 비의 양을 다 합한 양을 가리키는 말이야."라고 설명해 주면 내용을 쉽게 이해한다.

유지용 선생님 역시 "한자를 아는 아이들이 이해력이 훨씬 빨라요. 한자어를 연결하고 유추하면서 이해하니 독해력이 우수하죠. 한자 공부를 적극 권하는 이유예요."라며 한자 교육에 목소리를 높였다. 한자는 공부하지 않으면 잊어버린다. 하지만 어릴 때 배운 기본 한자는 꽤 오랫동안 기억된다. 한자가 어떻게 생겼는지는 잊어버려도 단어에 쓰인 한자어가 다툴 쟁(爭)인지, 배울 학(學)인지 뜻과 음을 아는 것만으로도 어휘력의 범위는 확장된다.

그런데 이렇게 이야기하면 '그렇다. 백번 양보해서 한자 공부가 도움이 된다는 건 인정하겠다. 하지만 안 그래도 할 것 많은 아이에게 부담을 주는 것 아닌가, 뭐든 배워서 도움이 안 되는 게 어디 있겠는가.'라고 생각할 수도 있다. 그렇다면 이것만은 꼭 기억

했으면 좋겠다. 한자 공부가 곧 한자 급수 시험 공부를 뜻하는 건 아니라는 것을 말이다. 급수 시험은 보지 않아도 된다. 초등 시절에 그 자격증을 딴다고 특별히 유리하게 작용하는 것도 없고 오히려 스트레스만 받는다.

기본 한자책을 구입해서 방학 때 하루에 두 글자씩 읽고 써 보면서 50자 정도만 익혀도 충분하다. 3~6학년 여름 방학, 겨울 방학에 50자씩 익히면 총 400자를 터득할 수 있다. 그 정도면 충분하다. 자격증을 따야 한다거나 학원을 다녀야 한다는 게 아니라 기본적인 한자를 알고, 한자어가 어떻게 쓰이는지 알아서 언어에 대한 이해력을 높이자는 것이다.

한자를 익힐 때 주의할 점은 한자가 그러한 뜻을 갖게 된 유래를 함께 설명한 책으로 공부해야 한다는 것이다. 한자는 단순히 쓰고 외우는 과목이 아니다. 동녘 동(東)은 나무 목(木)에 해 일(日)이 합해진 건데 해가 나무 중간쯤에 떠오르는 때, 즉 아침을 의미하고 아침에는 해가 동쪽에 있어서 동녘 동이다. 어두울 묘(杳)는 나무 목(木) 아래에 해 일(日)이 있는 모양으로 나무 밑동으로 해가 기울어 어두운 때를 뜻한다. 이러한 식으로 설명된 책이나 학습지를 이용해서 공부하도록 한다.

나는 아이들의 어휘력 학습에 관심이 많아 『초등 5학년, 국어 어휘력을 잡아라』라는 책을 집필하기도 했는데, 그 책에서 한자어 공부 방법을 소개하였다. 그중 하나를 소개하면 다음과 같다.

한자어 안에 들어간 한자의 음과 뜻을 살펴보고, 같은 한자가 쓰인 단어를 찾는다. 그리고 익힌 단어를 활용해 짧은 문장을 만든다. 예를 들어 '고안(考 : 생각할 고, 案 : 책상 안)하다'의 뜻을 문맥 속에서 유추해서 생각해 보고, 생각할 고(考)가 들어간 단어들을 찾는 것이다(예 : 국가 고시, 고고학자). 그리고 그 단어들을 활용해 문장을 만든다. 개인적으로 어휘력을 늘릴 수 있는 가장 좋은 방법이라고 생각한다.

고학년이 되어 한자를 배우게 되면 이미 알고 있는 단어가 많기 때문에 받아들이는 속도가 굉장히 빠르다. 중학년 때 접하면 단어를 문맥 속에서 유추하는 법을 배울 수 있고 알고 있는 단어의 영역을 차근차근 넓힐 수 있다는 장점이 있다. 저학년은 한자를 접하기에 조금 이른 감이 있다. 한자 사용이 많은 사회, 과학 과목을 배우는 3학년이 한자를 시작하기에 딱 좋은 시기이다.

리코더 불며
계이름맹 탈출

글자를 못 읽으면 문맹, 컴퓨터를 못 하면 컴맹이라면 음악 시간에는 계이름맹이 있다. 모든 학문에는 그 학문에서 통용되는 언어가 있기 마련이다. 음악에 있어서 언어는 바로 계이름이다. 3학년에 처음 음악 과목을 배우면서 계이름, 음표, 박자를 하나하나 배우게 되는데, 6학년이 되어도 악보를 못 읽는 아이들이 한 반에 몇 명씩 있다. 그래서 나는 어떤 학년을 맡든 처음 몇 시간은 계이름 읽기, 박자 익히기 등을 게임, 학습지 등 다양한 방법을 이용해서 가르친다. 하지만 모르는 아이들은 여전히 깨우치지 못하고 음악 부진아가 되고 만다. 관심이 없으니 집중을 못 하고, 집중을 못 하니 이해가 안 되어 관심이 더 없어지는 것이다.

노래는 대충 들으면서 따라 부를 수 있는데 문제는 리코더를 연주할 때 생긴다. 계이름을 못 읽으니 일일이 음표를 세어 봐야 알 수 있다. 당연히 리코더 연주 자체가 불가능하다. 악기를 배우지 않아 수업 시간에 처음 계이름을 배운 아이들도 웬만하면 악보를 읽을 줄 알게 된다. 하지만 관심이 없는 아이들은 끝까지 못 한다.

모두를 음악가로 키울 필요는 없지만 초등학교에서 배우는 것은 가장 기본적인 교육이다. 악기를 배우는 것은 아이의 흥미, 상황, 형편에 따라 선택하면 된다. 하지만 초등학교 교과서에 나오는 악보 정도는 읽을 수 있도록 신경을 써 줘야 한다. 학년이 올라가면서 음악의 기본이 되는 계이름을 잘 모르면 힘들어진다.

컴퓨터는 익숙한데
타자는 느린 아이들

스마트폰과 컴퓨터 사용이 일상화된 요즘 아이들은 디지털 기기에 매우 익숙하다. 그런데 모순적이게도 컴퓨터를 활용하는 능력은 미숙하다. 물론 어른들보다 파워포인트를 잘 만들고 동영상을 제작해서 유튜브에 올리는 등 능숙하게 컴퓨터를 활용할 줄 아는 아이들이 있기는 하다. 하지만 대부분의 아이들은 타자조차 느리다. 의외이지 않은가.

강희준 선생님은 컴퓨터 활용은 차치하더라도 아이들의 타자 실력이 걱정이라고 한다.

"독수리 타법으로 타자를 치는 아이들이 많아요. 독수리 타법으로 치면 정식 타자법으로 치는 것보다 지금 당장은 빠르죠. 하지만 정식 타자법으로 쳐야 나중에 가속도가 붙어요. 독수리 타법으로 치고 싶은 욕구를 누르고 정식 타자법으로 연습해서 속도를 올려야 해요."

학교에서 컴퓨터로 작업하는 과제가 많고 교육 과정 내에도 한글 프로그램이나 그림판을 이용하는 내용이 들어가 있다. 그래서 한 달에 몇 번은 컴퓨터실에 가서 타자 연습을 하게 되는데 그 정도로는 부족하다.

특히 학년이 올라갈수록 컴퓨터를 활용한 숙제가 많아진다. 그러나 상대적으로 학업이 점점 바빠지는 만큼 미루다 보면 연습할 시간이 나지 않는다. 비교적 여유가 있는 3학년 여름 방학 때 타자 연습을 해 보자.

PART6

최고의 교사들이 알려 주는
4학년 방학 공부법
: 공부 자존감

4학년을 준비하는
겨울 방학 체크 리스트

□ 사춘기가 오기 전,
   자존감 길러 주기
□ 수학 연산 완성하기

공부가 어려워지며 아이의 자존감이 쉽게 떨어지는 시기이다. 게다가 남들이 자신을 어떻게 보는가에 굉장히 민감하고 감정이 오르락내리락한다. 이 와중에 공부 습관을 잡겠다고 부모가 팔을 걷어붙이고 나서면 과연 부모의 마음만큼 아이가 움직여 줄까? 4학년이 되기 전 겨울 방학에는 아이의 자존감을 더욱 튼튼하게 다지는 한편, 공부 습관을 점검해 보자.

인정받을수록 잘하는
4학년 아이들

　강희준 선생님의 조언에 따르면 4학년은 학교에서 중학년에 해당하기 때문에 규칙에 대한 이해가 높고 선생님의 지시에도 순종적이며 수용적이다. 6학년은 규칙과 선생님의 지시에 대해 의심하며 자신의 기준을 중심으로 판단하느라 바쁘지만, 4학년은 선생님이 '이건 이거다.'라고 하면 '아, 그렇구나' 하고 받아들인다. 호기심도 많아 질문도 잘한다. 또 학교나 가정에서 자기 존재감을 드러내면서 자아 존중감을 찾고자 한다.

　그만큼 인정의 효과가 아이에게 굉장히 큰 영향을 미치며, 이것이 아이 성장의 갈림길에서 방향을 좌우한다. 저학년 때는 '당연히 열심히 해야 하고 선생님 말씀을 잘 들어야 해.'라고 생각한다. 중학년 때는 '당연히'가 아니라 '나를 존중해 주니까 해야 한다.'로 바뀐다. 억지로 하라고 하면 어긋나지만, 잘못하더라도 인정해 주고, 존중받는다는 생각이 들면 열심히 한다. 쉽게 말하면 칭찬으로 긍정적인 행동을 유도할 수 있는 때라는 것이다.

지은영 선생님은 4학년쯤 되면 자기중심적인 사고에서 벗어나서 주변을 돌아볼 수 있는 통찰력이 생기기 마련이므로 여전히 자기중심적인 사고에서 벗어나지 못하는 학생들은 가정에서 관심을 가져 주어야 한다고 강조한다.

"사춘기를 어떻게 보내느냐는 평소 부모와의 관계가 좌우해요. 부모는 아이와 매우 밀접하게 지내야 해요. 무조건 학원만 보낸다고 되는 게 아니에요. 아주 작은 것일지라도 아이와 함께하며 충분히 대화를 나누세요. 어릴 때는 무조건 정을 쌓아야 해요. 스킨십도 굉장히 중요해요. 방학 때 아이에게 무엇을 가르칠지만 고민하지 말고 독려, 격려를 통해 함께하면서 길을 열어 주세요. 4학년은 사춘기가 오기 전 마지막 기회의 시간이에요."

부모의 사랑과 지지를 확실하게 받은 아이는 자존감이 높기 마련이다. 무엇이든 호기심을 갖고 해 보려고 한다. 물론 부모의 관심이 중요하지 않은 학년은 없다. 그러나 갑자기 확 어려워지는 공부와 코앞에 다가온 사춘기의 풍랑을 무사히 넘기기 위해서는, 아이의 자존감을 쌓아 주는 부모의 사랑이 어느 시기보다 필요하다는 것을 마음속에 새기며 4학년을 맞이하자.

공부 자신감을 좌우하는
4학년 수학 공략법

　4학년은 공부 자신감을 지켜 주는 것이 중요하다. 그렇다면 그 공부 자신감은 어떤 과목에서 나올까? 바로 수학이다. 아이들은 수학을 잘할 때 가장 많은 자신감이 생긴다. 게다가 5학년 때 갑자기 어려워지는 수학 난이도에 흔들리지 않기 위해서라도 4학년 때까지는 수학 연산을 완성하는 것이 그 무엇보다도 중요하다.

　3학년까지 비교적 단순한 연산을 배웠다면, 4학년부터는 (두 자리 수) ÷ (두 자리 수)의 혼합 계산이 등장하고 더 어려워진 개념을 배운다. 분수의 계산도 복잡해진다. 강희준 선생님은 "방학 때 수학 복습을 잘해 놓는 게 가장 중요해요. 아무리 선행 학습을 해도 복습을 잘해 놓지 않으면 소용이 없어요. 4학년인데 그 속을 들여다보면 1, 2학년 때 배웠던 10의 가르기와 모으기, 구구단 외우기, 받아내림이 있는 뺄셈하기에서 실수가 나와요. 이전 학년에서 했던 것을 확실하게 마스터만 해도 성적은 떨어지지 않아요. 받아올림, 받아내림, 구구단 등을 4학년이 되어 숙달하려면 힘들어요. 그동안 제 학년의 내용을 충분히 다져 놓았다면 걱정할 필요 없어요. 개념을 확실히 알고, 배운 내용을 실수 없이 해낼 수 있도록 다져 주면 되죠. 3학년까지는 대부분의 내용이 연산이에요. 4학년에 올라가기 전 아이의 수학에서 부족한 게 없는지 살펴주세요. 만약 이를 놓쳤다면 4학년 여름 방학이 부족한 부분을 메꿀 수 있는 마지막 기회입니다."

4학년 진학을 앞둔 겨울 방학, 다시 앞 학년으로 돌아가 아이가 제 학년의 수학을 제대로 해내는지 점검해 보길 바란다. 만약 무리 없이 해낸다면, 4학년 아이들이 어려워하는 수학 개념을 통해, 앞으로 무엇을 주의하며 도와줘야 할지 살펴보자.

(두 자리 수) ÷ (두 자리 수), (세 자리 수) ÷ (두 자리 수)

한 자리 수 나누기는 구구단만 할 줄 알면 모든 아이들이 쉽게 해낸다. 문제는 두 자리 수의 나눗셈이다. 정답을 도출해 내지 못하는 아이가 많아진다. 숫자의 단위가 커진 탓에 계산을 마칠 때까지 머릿속에 띄워 두어야 하는 숫자로 힘들어한다.

$87 ÷ 18$을 한다고 생각해 보자. 먼저 어림해 본 뒤 계산에 들어가면 훨씬 쉬워진다. 87을 80으로, 18을 20으로 바꿔서 $80 ÷ 20$으

로 생각해 보고 87을 90으로 18을 20으로 바꿔서 생각해 본다. 그럼 몫이 4나 5가 나올 것이라는 것을 짐작할 수 있다. 처음에 5로 생각했다가 안 되면 몫을 하나 낮춘다. 아이들은 어림해서 높이거나 낮춰서 맞춰 가는 과정을 어려워하기 때문에 연습이 많이 필요하다.

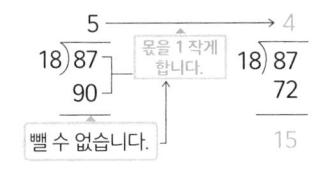

머릿속이 복잡하다! 도형, 밀고 뒤집고 돌리고

4학년 1학기에 도형 밀기와 뒤집기, 돌리기가 나오는데, 밀기는 별로 어려워하지 않지만 뒤집기와 돌리기는 어려워한다. 교사인 나조차 헷갈리니 아이들은 오죽할까. 하지만 잘하는 아이들은 선생님보다도 빨리 밀고, 뒤집고, 돌려서 도형을 척척 그려 낸다.

도형을 어려워하는 아이들에게는 도형 감각을 길러 주어야 한다. 집에서 직접 도형을 잘라서 뒤집고 돌려 보자. 수학 퍼즐이나 교구를 구해 가지고 놀아 보는 것도 좋다. 도형 감각과 직관력이 길러진다. 고등학생 때 배우는 공간 도형과 벡터는 초등학교 때 배우는 도형 돌리기, 쌓기나무와 밀접한 관련이 있다.

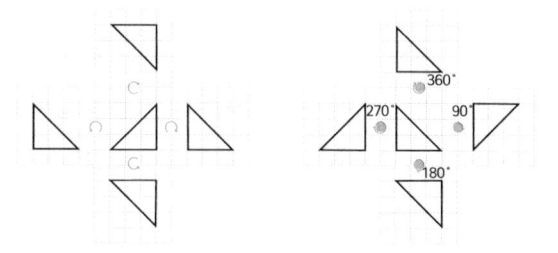

위의 그림은 도형 뒤집기(왼쪽)와 도형 돌리기(오른쪽)의 예시이다. 이를 습득한 뒤 다음 문제를 풀어 보며 도형 감각을 익혀 보자. 보기의 도형을 아래쪽으로 뒤집은 뒤 90도 돌린 도형을 고르는 문제이다. ①번과 ②번 중 무엇이 정답일까?

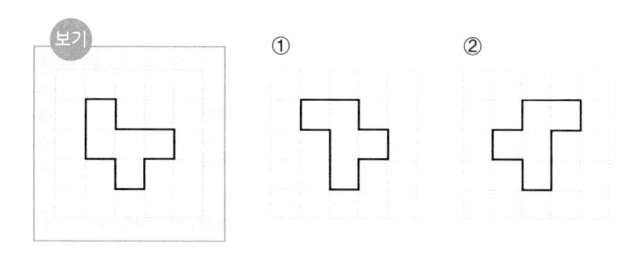

답은 ①번이다. 보기 도형을 아래쪽으로 뒤집으면 ⊥, 이를 오른쪽으로 90도 돌리면 ⊢ 도형이 된다.

(자연수) - (분수), (분수) - (분수)

4학년 아이들이 수학을 어려워하는 이유는 분수의 계산 때문이다. 분모가 다른 덧셈과 뺄셈은 5학년에서 처음 나온다. 4학년에서는 분모는 같지만 자연수에서 분수를 빼거나 분자 부분이 더 작아서 자연수 부분의 일부를 분수 부분으로 바꿔야 하는 계산이 나온다.

자연수에서 분수 빼기를 처음 접한 아이들은 어떻게 해야 하는지 당황한다. 자연수를 대분수로 바꾸는 방법과 자연수를 가분수로 바꾸는 방법, 이 두 가지를 알아야 풀 수 있다. $3-1\frac{7}{11}$ 을 계산한다고 할 때, 자연수인 3을 $\frac{33}{11}$ 으로 바꾸거나 $2\frac{11}{11}$ 로 바꿀 수 있어야 하는 것이다.

방법1 $3 - 1\frac{7}{11} = \frac{33}{11} - \frac{18}{11} = \frac{15}{11} = 1\frac{4}{11}$

방법2 $3 - 1\frac{7}{11} = 2\frac{11}{11} - 1\frac{7}{11} = 1\frac{4}{11}$

처음에는 일반적으로 3을 가분수인 $\frac{33}{11}$ 으로 바꿔서 계산하는데, 몇 번 해 보면 대분수인 $2\frac{11}{11}$ 로 바꿔서 계산하는 편이 훨씬 편하다는 사실을 깨닫게 된다. 다음처럼 자연수를 대분수로 바꾸는 연습을 많이 할수록 도움이 된다.

$$4 = 3\frac{11}{11} = 3\frac{20}{20} = 3\frac{100}{100}$$

이 과정이 익숙해지면 (분수)-(분수) 계산이 조금 수월해진다. 자연수를 하나 줄여 분수로 넘기는 연습을 많이 한 덕분에 받아내림이 있는 분수 계산을 능숙하게 할 수 있게 된다. 예를 들어 $3\frac{2}{7}$를 $2\frac{9}{7}$로 바꾸는 것이 익숙해지는 것이다.

$$3\frac{2}{7} - 1\frac{5}{7} = 2\frac{9}{7} - 1\frac{5}{7} = (2-1) + \left(\frac{9}{7} - \frac{5}{7}\right)$$
$$= 1 + \frac{4}{7} = 1\frac{4}{7}$$

◆ 한눈에 보는 4학년 수학 단원과 개념

학기	단원명	4학년 수학 개념
1학기	큰 수	만, 십만, 백만, 천만, 억, 조
	각도	각도기, 예각과 둔각, 삼각형과 사각형 내각의 크기의 합 추론하기
	곱셈과 나눗셈	(세 자리 수) × (두 자리 수) (세 자리 수) ÷ (두 자리 수)
	평면도형의 이동	밀기, 뒤집기, 돌리기
	막대그래프	막대그래프
	규칙 찾기	수의 배열, 도형의 배열, 계산식에서 규칙 찾기
2학기	분수의 덧셈과 뺄셈	분모가 같은 분수끼리의 덧셈과 뺄셈 (진분수) + (진분수), (대분수) + (진분수), (대분수) + (대분수), (대분수) + (가분수), (자연수) - (진분수), (자연수) - (대분수), (대분수) - (가분수), (대분수) - (대분수)
	삼각형	이등변삼각형, 정삼각형, 직각삼각형, 예각삼각형, 둔각삼각형
	소수의 덧셈과 뺄셈	자릿값의 원리를 바탕으로 소수 두 자리 수와 소수 세 자리 수를 이해하고 쓰고 읽기
	사각형	수직 관계와 평행 관계, 사다리꼴, 평행사변형, 마름모
	꺾은선그래프	꺾은선그래프, 물결선
	다각형	다각형과 정다각형, 대각선

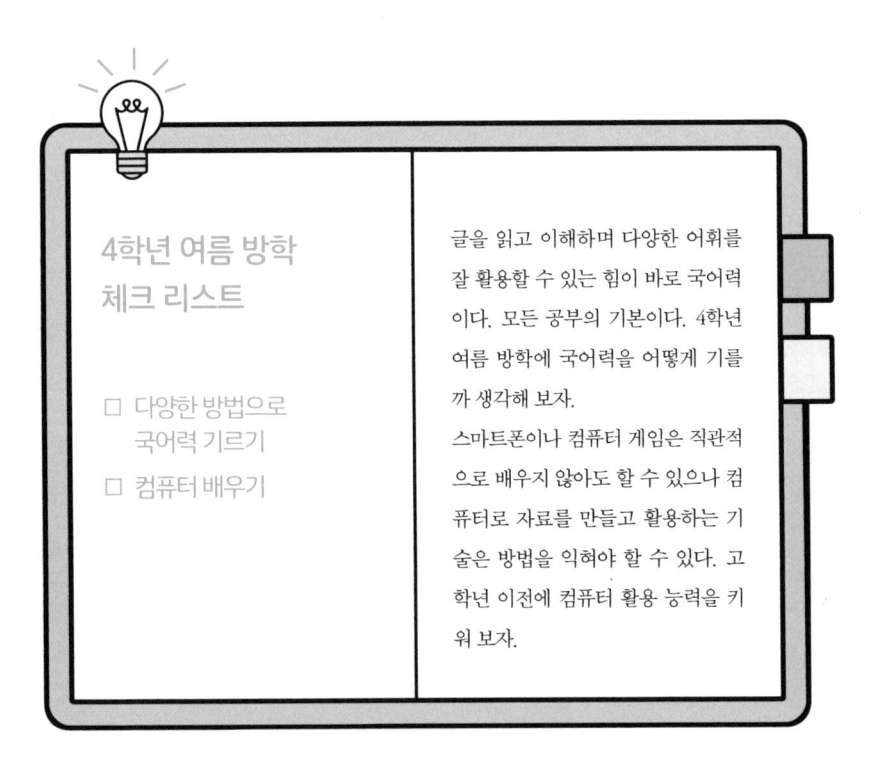

4학년 여름 방학 체크 리스트

☐ 다양한 방법으로
   국어력 기르기
☐ 컴퓨터 배우기

글을 읽고 이해하며 다양한 어휘를 잘 활용할 수 있는 힘이 바로 국어력이다. 모든 공부의 기본이다. 4학년 여름 방학에 국어력을 어떻게 기를까 생각해 보자.

스마트폰이나 컴퓨터 게임은 직관적으로 배우지 않아도 할 수 있으나 컴퓨터로 자료를 만들고 활용하는 기술은 방법을 익혀야 할 수 있다. 고학년 이전에 컴퓨터 활용 능력을 키워 보자.

아이의 문해력을
점검하라

모든 학문은 글을 읽고 이해하는 것을 바탕으로 하기 때문에 국어 실력은 영어를 포함한 모든 과목의 기본이다. 국어를 잘하는 아이가 다른 과목을 잘하는 것도 이 때문이다. 특히 4학년은 교과서 지문의 길이도 길어지고 자신의 생각을 정리해서 표현해야 하는 시기인 만큼, 거기에서부터 수준 차이가 발생한다. 문제는 이런 시기적 학습 특성과 달리 기본적인 어휘조차 몰라 물어보는 경우가 허다하다는 것이다.

강희준 선생님은 5학년이 되면 모르는 게 있어도 창피해서 물어보지 않는 데다가 공부해야 할 내용이 훨씬 많아져 어휘 교육의 기회가 별로 없다고 말한다. 그래서 3, 4학년 때 책을 많이 읽혀 어휘력과 배경지식을 쌓아 줘야 한다고 조언한다. 고학년이 되기 전 독서 습관 잡기, 중학년의 책 읽기가 중요한 이유이다.

1, 2학년 때 소리 내어 읽기, 그림책 읽기, 책 읽어 주기로 글에 대한 재미를 선사하고, 3학년 때 글밥 있는 책 읽기로 이끌어 주었다면 4학년 때는 다양한 방법으로 글을 읽고 이해하는 능력인 문해력을 길러 줘야 한다.

방학 때만이라도 신문을 읽어 보자

강희준 선생님은 고등학생, 중학생인 두 자녀가 있다. 두 자녀 모두 신문을 즐겨 읽는데 초등학생 때부터 신문 읽는 습관을 길러 준 덕분이라고 한다.

"3, 4학년 때부터 신문을 보면 좋아요. 4학년 사회에서 현명한 소비와 유통, 선거, 주민 자치 등에 대해서 배우잖아요. 사회에서 배우는 내용과 신문의 내용이 딱 맞아떨어지는 시기가 있어요. 어제 본 뉴스 내용도 나오고, 사회 시간에 공부한 내용도 나오고, 부모님이 평소 나누던 이야기들도 나와요. 그러면 신문도 제법 읽을 만하다고 생각하게 되지요. 내가 본 것이 나오면 사회 시간에 아이들이 말을 하기 시작해요. 참여하게 되고 아는 척하게 되면서 신문 읽기도, 사회 공부도 재미있어져요. 신문 읽기를 어려워한다면 사회, 경제, 정치, 스포츠 등 여러 분야 중에서 아이가 관심 있어 하는 분야부터 시작하세요. 우리 아이도 어린이 신문에 있는 만화에서부터 시작해 어른 신문까지 보게 된 거예요. 어린이 신문이 시시하다면 바로 어른 신문을 접하게 해도 괜찮아요. 신문도 읽다 보면 속도가 빨라져요."

NIE 교육이라고 해서 신문 교육이 유행한 적이 있었다. 하지만 종이 신문의 구독이 줄고 인터넷 신문을 보는 집이 늘어나면서 학교에서도 신문 교육의 열기는 사그라들었다. 이제는 원하는 정보를 검색해야만 뉴스를 접할 수 있다. 검색을 하려면 관심이 있어야 한다. 그러다 보니 접하는 뉴스라고는 가벼운 가십거리나 포털 사이트의 검색어 정도이다. 인터넷 뉴스는 편리하고 신속하지만 결국 종이 신문의 장점을 따라오진 못한다.

아이를 위해 신문을 구독해 보자. 집 안에 신문이 이리저리 굴러다니다 보면 궁금해진 아이들이 한 번쯤은 들춰 본다. 또 부모가 신문 읽는 모습을 보면서 어려서부터 영상에 길들여진 아이들도 활자에 친숙해질 수 있다. 자극적이며 단순한 영상을 선호하며 긴 글을 읽기 힘들어하는 요즘 아이들에게 훌륭한 읽기 교재가 되어 줄 것이다.

방학 때 사회, 과학의 선행 학습을 위해 문제집을 공부시키기보다 신문을 읽혀 보자. 다양한 어휘에 익숙해지고 배경지식을 쌓을 수 있는 최선이자 최고의 방법이다.

글은 어휘들의 모음이라고 할 수 있다. 그래서 글의 수준이 올라가면 어휘력이 부족한 아이들은 글이 마치 암호문 같다고 느낀다. 생각의 범위는 어휘의 범위를 넘지 못한다. 같은 감정과 상황이라도 표현할 수 있는 어휘 재료를 많이 갖고 있는 아이가 보다 뚜렷하게 자신의 마음과 상황을 느끼고 전달할 수 있다.

교과 내용이 어려워지면 어휘력이 부족한 아이들은 국어만이 아니라 다른 모든 과목을 힘들어하게 된다. 읽어도 이해가 가지 않기 때문이다. 교실에서 영어 시험을 보았을 때 있었던 일이다. 읽기 지문으로 남자와 여자의 대화가 나왔다.

남 : I have a cold.
여 : Drink this tea. Don't go outside.

남자의 증상과 이에 대한 조언을 우리말로 쓰세요.

평소 영어를 잘하는 남학생이 손을 들더니 나에게 질문을 했다.
"선생님, 조언이 뭐예요?"
나는 깜짝 놀랐다. 영어를 잘한다는 6학년 아이가 정작 우리말인 '조언'의 뜻을 모른다니. 이러한 문제는 비단 한 과목에서만 나타나는 것이 아니다. 왜 어휘력이 중요한지는 구구절절 설명하지 않아도 모든 부모가 알고 있으리라 생각한다.

글을 읽으면서 모르는 말이 나왔을 때 우리가 취할 수 있는 방법은 두 가지이다. 사전으로 뜻을 정확하게 찾아보거나, 앞뒤 내용과 맥락을 통해 유추해 보는 것이다. 두 가지 방법 모두 필요하다. 모르는 말이 나올 때 사전을 찾아보면 정확한 어휘의 뜻과 예문을 접할 수 있어 언어에 대한 감각을 기를 수 있다. 3학년 국어 교육과정부터 사전 찾기가 나오는데, 도서관에서 사전을 가져와서 아이들 앞에 놓아두면 얼마나 좋아하는지 모른다. 대부분의 아이가 종이 사전을 접해 본 적이 없어서 수많은 단어가 담겨 있는 사전 속에서 단어 여행을 즐기느라 여념이 없다. 단어 뜻을 보면서 킥킥대기도 하고, 아는 단어가 어떻게 정의되어 있는지 찾아보기도 한다. 아이들은 생각보다 사전 찾기를 좋아한다. 물론 한글의 자모음 순서를 몰라 애를 먹고 짜증을 내는 아이도 많지만 말이다.

학교에서 사전 찾는 방법을 배운 후에, 언제 사전을 찾아봤냐는 듯 손을 놓지 않았으면 좋겠다. 어린이 국어사전도 좋고, 어른용 국어사전도 좋다. 책상 위에 올려 두고 사전을 가까이 할 수 있도록 하자. 뒤에서 소개할 슬로 리딩을 하는 방법 중 하나가 책을 읽으며 단어 뜻을 찾아보는 것이다. 단어 뜻에 대한 유추 능력을 길러 주는 것도 중요하지만 정확하게 뜻을 짚고 넘어가는 것 역시 꼭 필요하다.

생각의 범위가 확장되는 속담, 고사성어 책 읽기

조상의 지혜를 배우며 어휘력을 늘리는 방법이 바로 속담과 고사성어를 공부하는 것이다. 자신의 마음이나 상황을 속담이나 고사성어를 인용해 표현하면 더 확 와닿을 뿐만 아니라 생각의 범위가 확장된다는 느낌이 든다. 속담이나 고사성어와 관련된 책을 읽으면 산발적으로 흐트러져 있던 표현들을 정리할 수 있다. 시간 여유가 있는 방학을 이용해 관련 책들을 도서관에서 빌려 읽어 보기를 꼭 추천한다. 교과서 글 곳곳에 속담과 고사성어가 등장하고, 6학년 국어에서는 관용어 표현에 대해 배우니 교과 공부에도 자연스럽게 도움이 된다.

천천히 깊게,
슬로 리딩

이희경 선생님은 가끔 읽은 책의 권수를 늘리는 데만 집착하는 아이들의 모습을 볼 때면 안타깝다고 말한다. 읽은 책의 권수로 보상을 해 주는 방식은 처음에는 독서에 대한 동기 유발이 될 수 있지만 권수를 늘리기 위해 그림책이나 만화책만 읽는 부작용을 야기할 수도 있다. 또 독서를 진짜 즐기기 위해서는 책 읽는 재미를 느껴야 하는데, 다독으로는 그러기 어렵다는 것이다. 강희준 선생님 역시 독서의 즐거움을 강조한다.

"다독보다는 읽는 것 자체에 목표를 뒀으면 좋겠어요. 문단을 나누고 중심 문장을 찾는 그런 기술보다는 책의 즐거움을 느껴 보는 경험이 중요해요. 이는 아이들이 읽기 어려워하는 인문이나 고전에도 '기꺼이' 도전하는 힘이 되지요."

유지용 선생님은 많이 읽는 것보다는 한 권을 읽더라도 천천히 깊이 있게 읽는 것이 중요하다는 생각으로 『레 미제라블』과 『괭이부리말 아이들』로 슬로 리딩 수업을 진행했다. 슬로 리딩의 효과를 보는 아이들을 보면서 책을 천천히 읽으며 다양한 활동을 하고 사고를 하는 게 얼마나 중요한지 깨달았다는 선생님은 새로운 책으로 슬로 리딩 교육 과정을 짜 볼 계획이라고 하였다.

슬로 리딩은 단순히 책을 읽는 것에서 그치지 않고 책에 나오는 배경지식 탐구 및 조사, 답사 및 독후감 쓰기 등을 하면서 책을 '습득'하는 읽기 방법이다. EBS 다큐 프라임 「슬로 리딩」 편에서 『그 많던 싱아는 누가 다 먹었을까?』라는 책 한 권으로 한 학기 동안 수업을 진행한 용인의 한 초등학교의 수업을 소개하였다.

아이들은 책을 소리 내어 읽으면서 자신의 소리를 들어 보고 적절히 끊어 읽는다. 책에 나온 시 「향수」를 읽고 그리운 집을 그려 보고, 나무 이야기가 나오자 밖으로 나가 나무를 보고 사진을 찍고 적어 본다. 모르는 단어가 나오면 뜻을 유추해 본 뒤 사전을 찾아보고, 그 단어를 이용해서 문장을 만든다. 책에 창씨개명(일제강점기에 일본식 성명을 강요했던 것) 이야기가 나오자 이를 주제로 하여 찬반 토론을 한다. 피난민이 먹었던 감자와 달걀을 이용해서 요리를 만들어 보고 책의 배경과 연관된 전쟁 영화 「태극기 휘날리며」를 보며 책을 오감으로 느낀다.

이러한 읽기를 지속하자 아이들은 이제 누가 시켜서가 아니라 스스로 책을 찾아 읽고, 흥미로운 부분이나 영감을 주는 부분을 발견하면 이를 자신만의 방식으로 표현했다. 어떤 아이는 만화를 그렸고, 어떤 아이는 작곡을 했고, 어떤 아이는 영상을 만들었다.

슬로 리딩은 깊이 읽어 생각의 경지를 넓히는 독서법이다. 지식을 내 것으로 만드는 방법, 주제를 탐색하는 방법, 내 생각을 다양하게 표현하는 방법 등을 가르쳐 준다.

그렇다면 가정에서는 어떻게 슬로 리딩을 해 볼 수 있을까?

1단계 : 슬로 리딩용 책 선정하기

슬로 리딩을 할 때는 번역서를 골라서는 안 된다. 어렸을 때는 바른 문장과 다양한 우리 어휘를 접할 필요가 있다. 아무리 좋은 번역서라고 할지라도, 우리글에 비하면 문장력이나 어휘에서 차이가 많이 난다. 초등학생의 슬로 리딩에 최적화된 책은 국내 소설이다. EBS 다큐 프라임 「슬로 리딩」 편에서는 아래의 책을 추천

학년	제목	지은이	출판사
1~2학년	『가방 들어 주는 아이』	고정욱	사계절
3~4학년	『자전거 도둑』	박완서	다림
5~6학년	『몽실 언니』	권정생	창비

한다. 혹시 다른 책을 고른다 해도 이 책들을 기준 삼으면 된다.

2단계 : 깊게 읽기

양보다는 질이 중요하다. 다음의 방법들을 활용하여 책 한 권을 3~6개월에 걸쳐 읽는다.

① 한 단락씩 소리 내어 천천히 읽기 : 모든 내용을 음독하기는 힘들지만 중요한 부분이나 책에 집중이 안 될 때는 성우가 된 것처럼 소리 내어 읽어 본다.

② 단어 찾아보기 : 책을 읽으면서 모르는 단어가 나오면 찾아본다. 찾아본 단어로 간단한 작문을 해도 좋다. 단어를 이용해 글을 짓고, 주제어를 바탕으로 다양한 자료를 검색해 본다.

③ 토론하기 : 책의 내용을 주제로 대화를 나눈다. 특정 사건에 대한 등장인물의 심리 상태를 주제로 아이와 토론할 수 있다. '지금 가방을 들어 주는 석우의 마음은 어떨 것 같아?' 식의 질문을 던지고 아이의 답을 들으며 서로 이야기를 나누는 것이다.

④ 배경지식 찾기 : 책의 배경지식을 찾아본다. 책에 나오는 장소나 역사적 사실을 인터넷이나 다른 책, 관련 동영상을 통해 살펴봐도 좋다. 배경지식을 알면 책의 내용이 더 잘 이해된다.

⑤ 그려 보기 : 책에 나오는 장소, 주인공의 모습, 인상 깊은 장면을 상상해서 그려 본다.

⑥ 직접 경험하기 : 책에서 바느질을 하거나 요리를 하면 그것을 직접 해 보거나, 책 속에 나오는 장소를 직접 찾아가 보거나, 책 속 동물이나 곤충을 직접 관찰해 본다.

⑦ 파생 독서 : 슬로 리딩한 도서에 등장하는 다른 책, 그 저자의 다른 책 또는 책 속 내용과 연관된 다른 책을 찾아 읽는다.

3단계 : 나만의 방법으로 표현하기

슬로 리딩한 책에 대한 나의 생각을 나만의 방법으로 재구성해서 표현해 본다. 글, 그림, 음악, 만화, 목소리, 노래, 영상 등 어떤 것이든 좋다.

◆ 글로 풀어내는 생각 : 주인공에게 편지 쓰기, 나의 글과 친구의 글 비교해 보기, 뒷이야기 이어 쓰기, 시 바꿔 쓰기 등

◆ 목소리로 풀어내는 생각 : 책 내용을 소개하는 영상을 녹화하기, 성우가 되어 가장 인상 깊은 부분을 녹음하기, 아나운서가 되어 독서 퀴즈 쇼 진행하기 등

슬로 리딩을 한 번 경험하고 나면 아이들은 책을 어떻게 활용해서 읽어야 할지 터득한다. 단지 권수를 늘리는 독서가 아니라 즐기는 독서, 성장하는 독서를 할 수 있게 된다.

교과 어휘로
주요 개념을 복습하라

교과 어휘는 우리가 보통 일상적으로 쓰는 어휘와 다르다.

용어의 종류	특징	예
일상 용어	평소에 쓰는 일상적인 말	학교, 친구, 식사
고효율 용어	일상 용어는 아니지만 교과나 학습에서 자주 쓰는 말	체온, 육식 동물, 수정
전문 용어	과학, 교육, 심리 등 특수 분야에서 쓰는 말	추상화, 색채 감각, 읽기 장애

사회와 과학을 배우면서부터 제대로 된 교과 어휘들이 등장한다. 그 교과 어휘의 뜻만 복습해도 핵심 개념을 복습하는 것이 된

다. 학기 중에 교과 어휘 공책을 하나 만들어서 그 공책만 쭉 한 번씩 읽어 보는 것도 좋은 복습법이다.

- 교과서를 공부하면서 교과 어휘가 나오면 공책에 정리해서 나만의 개념 어휘 사전을 만들어 간다.
- 고리 수첩을 이용해도 좋다. 고리 수첩의 한쪽 면에는 개념어를, 다른 쪽 면에는 그 뜻을 적는다.
- 고리를 분리해서 카드처럼 게임을 하면서 복습을 해도 좋다. 순서를 정해서 돌아가면서 교과 어휘가 적힌 수첩 카드를 뽑고 뜻을 말하면 카드를 가져가는 게임, 한 명이 뜻을 설명하면 다른 한 명이 교과 어휘를 맞추는 스피드게임 등을 할 수 있다.

아이의 영어 실력을 올려 줄
챕터북

영어는 학기 중에도 매일 꾸준히 해야 하는 공부지만 시간이 많아지는 방학에는 조금 더 시간을 투자하면 좋겠다. '영어책 다섯 권 읽기', '영어 그림 단어장 50개 만들기' 같은 프로젝트를 하나 정하면 목표 의식을 가지는 데 도움이 된다.

영어책 읽기의 수준을 높이자

영어책을 읽을 때는 정해진 학년이 없다. 4학년이니까 꼭 어떤 책을 읽는다기보다 아이의 수준에 맞춰서 책을 골라 읽으면 된다. 그림책과 리더스북을 읽으면서 조금 더 글자가 많은 책을 읽고 싶

다면 예비 챕터북(Ready-for-chapters)을 읽어 본다. 예비 챕터북은
챕터북과 그림책의 중간 단계라고 할 수 있는데 그림책과 달리 몇

◆ 참고할 만한 예비 챕터북

	제목	지은이
1	『Magic Bone』	Nancy E. Krulik, Sebastien Braun
2	『Horrid Henry』	Francesca Simon, Tony Ross
3	『Commander Toad』	Jane Yolen
4	『Nate the great』	Marjorie Weinman Sharmat, Marc Simont
5	『Houndsley and Catina』	James Howe, Marie-Louise Gay
6	『Judy Moody』	Megan McDonald, Peter H. Reynolds
7	『Mercy Watson』	Kate Dicamillo, Chris Van Dusen
8	『Dog man』	Dav Pilkey
9	『Owl Diaries』	Rebecca Elliott
10	『Bink & gollie』	Kate DiCamillo, Chris Van Dusen
11	『Princess Black』	Shannon Hale / Dean Hale, LeUyen Pham
12	『Black Lagoon』	Mike Thaler, Jared Lee
13	『Rainbow magic』	Daisy Meadow
14	『Amber Brown series』	Paula Danziger, Tony Ross
15	『Magic tree house』	Mary Pope Osborne, Sal Murdocca
16	『Rotten Ralph』	Jack Gantos, Nicole Rubel

개의 소주제 또는 에피소드에 따라 챕터가 나뉘고, 글의 이해를 돕기 위한 삽화가 있다. 예비 챕터북과 챕터북이 명확하게 구분되는 건 아니고, 쉬운 챕터북이라고 보면 된다.

그림 단어장 만들기

픽셔너리(Pictionary)는 그림(picture)과 사전(dictionary)을 합한 말로, 단어를 보고 그림을 그려서 어떤 단어인지 맞추는 게임으로 활용할 수 있다. 책을 읽거나 공부를 하며 몰랐던 영어 단어들을 그림과 함께 정리해서 그림 단어장을 만들어 보자. 카드처럼 종이를 잘라 그림 영어 카드를 만들어도 좋고, 공책에 정리해도 좋다. 단어가 어느 정도 모이면 한 명이 그림을 그리고 다른 한 명이 어떤 영어 단어인지 맞추며 픽셔너리 게임을 할 수 있다.

컴퓨터 활용 기술에
능숙해져라

학교에서 자료를 만들거나 발표를 하면서 가장 많이 쓰는 프로그램은 한글과 파워포인트이다. 특히 파워포인트는 학년이 올라갈수록 사용 빈도가 높아진다.

24년 경력의 채은영 선생님은 컴퓨터를 배울 기회는 상대적으로 시간적 여유가 있는 초등학교 때밖에 없다며, 방학 동안 한글 프로그램, 파워포인트, 동영상 제작 등 다양한 컴퓨터 활용 기술을 익힐 것을 강조했다.

컴퓨터 활용 기술을 익히는 시기가 꼭 정해져 있는 것은 아니다. 다만 저학년 아이들은 아직 이르고, 3학년 때는 자판 연습을 충분히 해야 한다. 또 고학년 때는 해야 할 공부량이 늘기 때문에 시간 내기가 쉽지 않다. 국어 시간에 한글 프로그램으로 문서 작성하기를 배우는 4학년 때가 가장 이상적이다.

방학 동안 콘텐츠 만들기와 연결시켜서 한글, 파워포인트, 동영상 제작을 연습해 보는 것도 좋다. 일기를 한글 프로그램에서 쓰거나 내가 읽은 책의 주인공을 파워포인트로 제작해 보거나, 방학 동안 읽은 책을 소개하는 동영상을 찍어서 편집해 보는 등 말이다. 재미있게 컴퓨터 활용 기술을 습득할 수 있을 것이다.

PART7

최고의 교사들이 알려 주는
5학년 방학 공부법
: 진로 교육, 역사

5학년을 준비하는
겨울 방학 체크 리스트

□ 아이만의 콘텐츠를 만들어
　 진로 교육하기
□ 사춘기인 아이와 좋은 관계
　 형성하기
□ 급격히 어려워지는
　 수학 잡아 주기

학교 생활 기록부에 진로 희망 사항이 기록되는 시기로, 진로 교육의 첫 단추가 끼워지는 때이다. 아이가 무엇이 되고 싶어 하는지, 무엇을 잘하는지 아이만의 것을 발견하고 키워 나갈 수 있도록 도와야 한다. 이와 함께 급격하게 어려워지는 수학을 미리 대비하여 자신감을 지켜 줘야 한다.

진로 교육,
아이만의 콘텐츠를 만들자

어릴 때는 항상 자신 있게 무엇이 될 거라고 외치던 아이들이 점차 학년이 올라갈수록 꿈을 말하지 못한다. 현실과 이상의 간극을 알아 버린 탓에 '내가 과연 그 꿈을 이룰 수 있을까?' 하고 의문을 품으며 남들의 시선을 눈치 보기 때문이다. 그렇다고 아이들 마음속에 내가 잘하는 것은 무엇인지, 어떻게 하면 공부를 잘할 수 있는지 진로 고민마저 사라진 것은 아니다. 코앞으로 다가온 진학 준비와 사춘기의 시작이 이러한 고민을 더욱 부추긴다.

부모는 이 시기 아이들에게 자신을 마음껏 탐색해 볼 수 있는 기회를 제공해야 한다. 이러한 경험은 곧 아이에게 자신만의 콘텐츠를 만들어 가는 바탕이 된다. 아이는 앞으로 자존감에 점점 더 많은 위협을 받을 것이다. 하지만 자기만의 콘텐츠가 있는 아이는 흔들리지 않으며, 공부에 대한 관심도 높다.

제4차 산업 혁명 시대가 도래하며 인공 지능의 암기력과 작업 속도를 우리 아이들이 따라잡는 건 불가능한 일이 되었다. 지금 당장은 각광받는 직업일지라도 아이가 어른이 되었을 미래엔 사장되거나 그럴 위기에 처할지도 모른다. 이러한 현실 속에서 우리 아이들에게 어떤 교육을 시켜야 할 것인가, 어떻게 진로를 이끌어 줘야 할 것인가에 대해 교사인 나 역시 고민이 많다. 사회 시스템이 바뀌기는 쉽지 않기에 입시의 벽을 넘어야 하는 것도 현실이며, 현재 교육 과정은 기본 중의 기본이기 때문에 시대가 달라지고 있다는 이유만으로 지금까지 해 오던 공부나 진로 교육을 포기할 수도 없는 노릇이다.

그래서 내가 찾아낸 답이 바로 '나만의 콘텐츠를 발견하고 만들어 나가는 것'이다. 가장 쉽게 아프리카 TV나 유튜브를 예로 들 수 있다. 1인 방송이 자유로워지면서 아이들이 도전해 볼 수 있는 영역이 넓어졌다. 어떤 아이들은 동영상 만들기에 관심이 많아 엄마 아빠 생신 선물로 짧은 영상을 만들기도 하고, 친구들끼리 재미 삼아 짧은 만화를 만들기도 한다.

관심사를 스스로 발전시켜 자기만의 것으로 만들어 낸 경험들은 차곡차곡 쌓여 아이만의 역사이자 콘텐츠가 된다. 그렇다고 무작정 아이에게 자신만의 콘텐츠를 만들어 보라고 하면 아이들은 막막해한다. 나는 학년 초가 되면 아이들에게 블로그를 운영해 보라고 권한다. 자신의 관심 분야 이야기를 꾸준히 올려 보게 하는 것이다. 키우는 고양이 이야기도 좋고, 읽은 책에 대해 올려도 좋다. 주제는 자유롭게 정하도록 한다. 이에 익숙해진 뒤에는, 영상으로도 만들어 올려 보게 한다. 자신이 읽은 책의 영상을 찍어 볼 수도 있다.

쉬워 보이지만 이를 해내려면 다음의 일들을 할 줄 알아야 한다.

1. 내가 잘하는 것, 관심 있는 것에 대해서 생각해 봐야 한다.
2. 자료를 조사할 줄 알아야 한다.
3. 조사한 자료를 정리해서 나만의 언어로 표현할 줄 알아야 한다.
4. 컴퓨터를 다룰 줄 알아야 한다.
5. 남들 앞에서 표현할 수 있어야 한다.

한번은 반 아이들과 함께 '어린이 마리텔' 프로젝트를 진행했다. 관심사를 주제로 하여 자료를 조사한 후 영상을 만들어 유튜브에 올리게 한 것이다. 정말 기발하고 다양한 영상들이 제작되었다. 요리에 관심이 많아 요리 영상을 올린 아이, 마술을 직접 배워 올린 아이, 해리포터를 좋아해서 해리포터의 모든 것을 소개하는 영상을 올린 아이, 자신이 잘하는 게임을 올린 아이, 체스 잘 두는 법을 소개한 영상을 올린 아이 등 주제조차 겹치지 않았다. 꼭 흥미 위주의 내용만이 아니라, 수학 문제를 풀어서 그 풀이 과정을 올리거나 영어 표현을 소개해 주는 블로그를 운영할 수도 있다. '나만의 콘텐츠 만들기 활동'을 학습과도 자연스럽게 연결할 수 있는 것이다. 꼭 유튜브나 블로그에 올리는 방법이 아니어도 괜찮다. 방학 프로젝트로 자신만의 콘텐츠를 만들어 보자.

김미숙 선생님은 학생들에게 방학 과제로, 관심사를 주제로 포트폴리오를 만들도록 한다. 파일, 공책 등 형식은 아이의 자유이다. 그림을 좋아하는 아이라면 평소 좋아하는 그림, 자신의 습작, 관련한 책의 목록, 닮고 싶은 화가의 인터뷰 등을 모아 포트폴리오를 만들 수 있다. 자동차에 관해서라면 누구도 따라올 수 없는 방대한 지식을 갖고 있는 아이라면 자동차에 관해 포트폴리오를 만들 수 있겠다. 그러는 사이 자연스럽게 자동차 디자이너라는 꿈을 갖게 될지도 모를 일이다. 또한 읽고 싶었던 책을 읽고 조사한 자료와 공부한 자료를 모으는 과정에서 자기 주도적으로 공부하는 기회를 가질 수 있다.

평소 자신의 관심사가 무엇인지 모르고 "저는 좋아하는 게 없어요." 하는 아이들도 무엇인가 콘텐츠를 만들어야 한다고 생각하면 끊임없이 자기 자신을 살펴보고, 세상을 두리번거리면서 억지로라도 만들어 낸다. 자꾸 생각해 보라고 하면 의식적으로든, 무의식적으로든 자신이 무엇을 좋아하는지, 알고 싶은 게 무엇인지 찾아보려 노력하게 된다. 그러면서 삶의 의욕을 갖게 되고, 꿈을 갖게 되고, 공부에도 관심을 갖게 된다. 너무 어릴 때는 자신의 관심사를 잘 모른다. 5학년 아이들은 책 읽기가 능숙해지며 세상에 대한 견문도 제법 넓어진다. 동시에 사춘기로 인한 방황이 시작된다. 바로 이때가 자기만의 콘텐츠를 만들어 가면서 자신을 알아 가고, 진로의 방향도 찾을 적기라고 생각한다.

사춘기 아이와의
대화법

아이가 성장하는 데 중요하지 않은 시기가 있겠냐마는, 아이들을 곁에서 지켜보다 보면 초등 시절이 아이 성장에 미치는 영향력에 놀라는 순간이 많다.

갓 태어난 아이에 대한 부모의 관심은 지대하다. 소중한 아이가 어떻게 될까 싶어 노심초사 키운다. 그리고 아이의 초등학교 입학을 앞둔 시점에 아이를 향한 부모의 관심은 또 한번 치솟는다. 강연을 다니다 보면 미취학 아이를 둔 부모와 초등 저학년 부모가 압도적으로 많은 것도 관심 정도를 대변해 준다. 그런데 신기하게도 아이의 학년이 올라갈수록 부모의 참석률이 떨어진다.

학교에서도 마찬가지이다. 공개 수업이든 학부모 상담이든 저학년 아이를 둔 부모들의 관심은 넘치다 못해 지나치기까지 하다. 하지만 학년이 올라갈수록 점점 '아이가 알아서 잘하겠지.' 하는 믿음과 또 어느 정도의 포기가 생기다 보니 점점 손을 놓는 모습을 보인다. 정서(감정) 습관, 공부 습관, 진로에 있어서까지 가장 중요한 시기가 초등 고학년이건만, 진정 신경 써야 하는 시기에는 관심이 끝나 버리는 현실이 참 안타깝다.

그러다 아이가 사춘기의 문턱을 넘어서면 부모는 다시 고민에 빠진다. 갑자기 짜증을 내고 반항을 하기 때문이다. 이때 갑작스럽게 관심을 가지면 아이는 오히려 도망간다. 따라서 미리부터 아이가 보내는 신호를 예민하게 감지하고 정서 습관, 공부 습관을 길러 줄 방법을 고민하고 대비해야 한다. 부모가 함께 노력하는 모습을 보이면 아이는 스스로 느끼고 변화해 간다. 그리고 부모도 함께 성장한다.

5학년 아이와의 대화법

"선생님, 아이라인 끝이 너무 두껍게 그려졌어요." "선생님, 화장 번졌는데요."와 같이 고학년 아이들은 마치 친구처럼 선생님의 화장 상태를 지적한다. "너희 왜 이렇게 귀엽니?"라고 하면 좋아하는 게 아니라 분위기가 싸해진다. 그러고는 "저는 귀엽다는 말이 싫어요. 저를 애 취급하는 것 같아요. 그 말씀은 안 해 주셨으면 해요."라고 말한다. 또 애니메이션을 틀어 주면 흥분하고 쉬는 시간마다 달려와 말을 거는 저학년 아이들과 달리, 선생님을 이해하고 눈치 있게 자기 할 일을 척척 해내는 게 5학년 아이들만의 매력이다. 제법 어른스럽게 말하는 아이들을 보면 정말 고학년이구나 싶어서 내가 다 뿌듯하다. 그 아이들을 키워 낸 부모들은 얼마나 뿌듯할까 싶으면서도, 그만큼 생각이 자란 아이들과 부딪칠 일도 많으리란 게 빤히 그려져 절로 응원하게 된다.

"사춘기가 뭐야?"

"반항심이 생기고 여드름 나고 그런 거야."

"그런 거야?"

아이들이 교실에서 하는 대화 내용이다. 아이들 스스로도 사춘기가 무엇인지 잘 모른다. 하지만 학교 규칙을 안 지키거나 선생님에게 반항할 때마다 "얘 사춘기라서 그래요." 하고 사춘기를 면죄부로 사용한다.

요즘 빠른 아이들은 4학년부터 사춘기가 시작된다고는 하지만, 대부분 5학년 2학기 후반부터 6학년 사이에 찾아온다. 부모는 이때쯤 사춘기구나 예상하면서도 자꾸만 성적이 떨어지는 것 같고 딴생각을 하고 있는 듯한 아이를 볼 때면 혼을 내게 된다. 결국 사이만 악화되어 간다. 선배 선생님들은 부모가 아이에 대한 걱정이 지나치게 많거나 아이가 지나치게 부모에게 의존하면 사춘기는 오히려 늦게 오고, 그것은 축복이 아니라 재앙이라고 말한다.

사춘기는 아이가 부모로부터 독립하려는 시기이다. 부모의 돌봄과 관심을 필요로 하면서도 독립하고 싶다는 생각 때문에 반항어린 말과 행동이 나오는 것이다. 아이도 불안해하고 있다는 사실을 알아야 한다. 그리고 부모는 대화라고 생각하지만 아이는 잔소리라고 생각하는 것들을 줄여야 한다. 부모의 대화는 대부분 '명령'으로 이루어지기 십상이다. 이제 부모는 사춘기의 아이들을 자신이 원하는 대로 통제할 수 없다는 것을 인정하고 인내하여 아이의 성공적인 독립을 도와주어야 한다. 평상시 무조건 가르치려 들거나 혼내려 들기보다 위로해 주고 진심 어린 관심을 보여 주었다면, 사춘기가 와도 아이는 부모에게 도움을 청하고 대화를 나누고싶어 할 것이다.

5학년 사춘기 아이를 대하는 기본적인 태도는 간섭은 삼가되아이가 먼저 도움을 청할 때는 기꺼이 손을 내밀어 주는 것이다. 또한 아이가 혼란스러워하고 정체되어 있을지라도 끼어들지 않고 묵묵히 바라봐 주는 인내심을 가져야 한다. 방치하는 게 아니라 멀리서 지켜보는 것이다. 그러면 아이는 자신의 문제에 대해서돌아보기 시작한다. 두려움을 느끼면서도 동시에 스스로 잘 해내고 싶다는 독립심과 책임감을 갖기 시작한다.

아이가 힘들어하면서도 도통 속내를 꺼내려 하지 않는다면 다음처럼 말을 걸어 주자.

"엄마는 항상 노력하는 현진이가 고마워. 뭔지는 모르겠지만 요새 현진이가 힘들어하는 것 같은데 엄마한테 말해 줄 수는 없을까?"

"네가 말할 준비가 되면 언제든 말해 주렴."

아이가 이유 없이 자주 짜증을 낼 때는 이렇게 인지시켜 준다.

"왜 짜증을 엄마한테 내는 거니? 너를 짜증 나게 하는 원인에 대해 짜증을 내야지."

"스스로도 힘든 시기이기 때문에 하기 싫고 짜증이 나는 거야. 하지만 엄마한테 짜증을 내고 투정 부린다고 해결되는 건 없어."

부모가 기다리고 있다는 것을 알면 아이는 언젠가 변화하는 순간이 온다. 어린 시절 부모와 신뢰를 쌓은 아이는 어느 선 이상으로는 일탈하지 않고 반항을 해도 선을 지킨다. 하지만 부모의 사랑과 믿음을 충분히 확신하지 못하는 아이는 '그전에는 관심도 없다가 이제 와서 나를 간섭하려고 하네.'라고 생각하게 된다.

잔소리보다는 예측 가능하지 않은 반응 보이기

고학년 아이들은 옳고 그름을 따지기 좋아한다. 자기 나름의 논리를 가지고 부모나 교사를 설득하려 들기도 하고, 반박하기도 한다. 논리적 사고가 발달하여 비판하고 따지기를 좋아하며 자신이 생각하기에 비합리적이라고 생각하면 참지 못한다. 어른들의 말에 대꾸가 많아지고 불만이 많아진다. 하지만 그것이 비논리적일 때도 많고 주변 분위기에 휩쓸려 행동하는 경향도 강해서 그저 반항처럼 보이기 일쑤이다. 그래서 고학년 담임을 할 때면 끝없는 말씨름에 빠지곤 한다.

자기 주변의 쓰레기를 주우라고 하면 아이들은 "제가 안 버렸는데요?"라고 말한다. 순간 화가 나지만 선생님의 권위로 윽박지르거나 논리적으로 제압하려고 하면 사이만 틀어진다. 이럴 때 나는 "자기 주변에 쓰레기가 많이 떨어져 있으면 오늘 내가 운이 지지리도 없는 날이구나 생각하고, 주워서 쓰레기통에 버려 줄래?" 하며 그 상황을 대수롭지 않은 것처럼 유머를 곁들여 넘겨 버린다.

때때로 남자아이들은 일부러 시비를 건다. "선생님, 모기 물렸어요. 선생님 교실이니까 선생님 책임이에요." 하며 말도 안 되는 억지를 부린다. 이때 여기는 우리 모두의 교실이다 식의 훈계나 잔소리는 소용없다. 아이들에겐 그저 잔소리일 뿐이며, 정말 선생님 탓이라고 생각해서 하는 소리가 아니라 선생님과 친구들의 관심을 받고 싶어 나온 행동이기 때문이다. 이럴 때면 "알았어. 선생님이 침 발라서 낫게 해 줄 테니깐, 얼른 나와."라고 말을 하면 얌전해진다.

한번은 한 남자아이가 "선생님, 저 팔 다쳐서 필기를 못 하겠는데요?"라고 말했다. 살펴보니 충분히 할 수 있는데도 하기 싫어서 핑계를 대고 시비를 거는 상황이었다. "그래, 아프겠다. 그럼 필기하지 않아도 돼."라고 대답하거나 선생님의 잔소리를 기대하고 있을 아이에게 "그럼 외워야겠다. 선생님이 이따 물어볼 거야."라고 대응했다. 그러자 당황하여 "그럼 차라리 팔을 안 다쳐서 쓰는 게 낫죠."라며 항변하는 것이었다. "그러니까 누가 다치래."라고 응대하였더니, 얌전히 필기를 시작했다.

무조건 순응하지 않는 아이들 때문에 기운이 빠지기도 하지만, 그게 또 5학년의 묘미인지도 모른다. 5학년 아이들의 반항 섞인 말에 감정적으로 대응하고, 논리적으로 반박하면 관계 악화의 수렁에 빠지고 만다. 아이들의 말투에 기분이 나빠도, 비논리적인 주장을 해도 꾹 참고 전달하고자 하는 목표에 집중하여 최대한 담담하게 말해야 한다. 아이들은 일부러 시비를 걸기도 하고, 감정적으로 대응하기도 한다. 하지만 그러한 감정에 '놀아나면' 안 된다. 한 번 크게 숨을 들이쉬어 한 템포 쉬어 가야 한다. 아이의 감정에 감정적으로 대응하지 않는 것이 아이와 쓸데없는 갈등을 피해 가는 방법이다. 그러면 아이도 이성적으로 받아들이고 그 순간을 지나가게 되어 있다.

이것이 쉽지만은 않기에 아이들의 반항 어린 행동을 무마시키는 데도 요령이 필요하다. 소개하자면 바로 '상상하지 못할 반응'을 보이는 것이다. 5학년 아이들에게는 예측 가능한 반응을 하면 효과가 없다. 예를 들어 다음 사례를 살펴보자.

상황 아이가 학원 숙제가 너무 많다며 투덜거렸다.

• 예측 가능한 반응 : "다 네 미래를 위한 건데, 해야지."
• 예측 가능하지 않은 반응 : "너희 학원 선생님은 숙제를 왜 이렇게 많이 낸다니! 도저히 안 되겠다. 끊든가, 엄마가 전화해서 따지든가 해야겠다."
⇨ 아이 반응 : "아니야, 그냥 할게."

5학년쯤 되면 뻔한 잔소리는 이미 터득하고 있는 레퍼토리이다. 그래서 잔소리를 해 봤자 자신만의 논리로 스스로를 보호하고 합리화하며 반항하려 한다. 순응하지 않는 아이의 반응에 도전받는 느낌이 들어 부모와 교사라는 권위로 억누르려고 하면 아이는 어른에게 더 심하게 반항하고 상처 줄 방법을 찾을 뿐이다.

아이의 불만 상황에 대해 지나치게 공감하며 편들어 주기, 혼날 줄 알았는데 의외로 너그럽게 넘어가기 등의 방법을 통해 예측 가능하지 않은 반응을 보이면 아이는 오히려 부모가 원하는 방향으로 따라올 것이다.

예민해지는 친구 관계에서 우리 아이를 지키는 법

중학년 때까지는 부모나 교사의 인정이 중요했다면 고학년부터는 친구의 인정을 훨씬 중요하게 생각한다. 그래서 고자질이 난무하던 이전 학년 교실과는 달리 서로 눈치를 보며 친구의 잘못을 숨겨 주고 쉬쉬하기도 한다.

반면에 친구들 간의 서열이 분명해지고 교실에서 주도권을 잡는 아이들이 생겨난다. 남자아이들은 무리 지어 다니는 게 심하지는 않지만 자신들끼리의 서열을 무의식적으로 매긴다. 그 서열에는 힘의 세기, 전반적으로 느껴지는 기운, 공부를 잘하는 정도 등 여러 요인들이 작용한다.

여자아이들은 무리를 지어 몰려다니는 경향이 강한데, 어느 순간 무리 중 한 사람을 괴롭히기도 한다. 어제는 우정을 약속하고 내일이면 원수가 되는 게 여자아이들의 우정이다. 착한 아이가 되고 싶은 욕구가 강한 여자아이들은 불만족과 분노를 표출하는 방법으로 간접 공격을 선택하기 때문이다. 아무래도 우리 사회는 여자는 얌전해야 하고, 여성스러워야 하며, 비폭력적이어야 한다고 강요하니까 말이다. 그래서 친구에게 느끼는 질투심이나 좌절감을 직접적으로 표현하지 못하고, 이간질하거나 무리에서 제외시키는 것과 같은 교묘한 방법으로 드러낸다.

5학년 담임을 할 때였다. 네 명의 여자아이들이 친하게 지냈는데, 그중 한 명인 유진(가명)이는 똑똑하고 나서기를 좋아했다. 어느 날 유진이가 자신의 운동화가 사라졌다며 나에게 도움을 청했다. 친구의 신발을 숨기는 것은 3학년 아이들까지만 보이는 행동으로, 5학년에서 이런 일이 일어났다는 것에 이상함을 느꼈다. 혹시라도 아이들이 자존심에 상처를 받거나 혼이 나는 게 두려워 자백하지 못할까 봐 유진이의 신발을 찾아온 사람에게는 선물을 주겠다고 말하며 '신발 찾기 놀이' 시간을 가졌지만, 결국 찾지 못했다. 이는 선배 선생님이 알려 준 방법이었는데, 3학년 때까지는 백발백중의 비법이었다. 그러나 완전히 소용없었던 것은 아니었다. 신발 찾기 놀이를 하는 동안 계속 불안해 보였던 아이가 있었다. 바로 유진이와 함께 놀던 무리 중 한 명인 수지(가명)였다. 심중은 있었지만 확신할 수는 없었다. 끝까지 사실을 고백한 아이가 나오지 않았기 때문이다. 아마도 부모와 교사의 기대를 한 몸에 받고 있을 만큼 공부를 잘했던 수지는 자신보다 잘나 보이는 유진이에게 질투심과 함께 불안감을 느껴 신발을 숨겼던 게 아닌가 싶다. 수지는 평소에도 은근히 유진이를 따돌려 왔기 때문이다.

이 시기에는 정말 사소한 일로도 친구 관계가 바뀌며 이는 아이의 성장에 결정적 영향을 미치곤 한다. 김미숙 선생님은 아이의 5학년 진학을 앞둔 부모에게 다음과 같이 당부한다.

"5학년은 친구를 통해 정체성이 생기는 때예요. 부모님, 선생님의 꾸중이나 비난보다도 친구의 비난을 굉장히 두려워하지요. 소속감을 중요하게 여겨서 자신들이 볼 때 잘나 보이는 그룹에 끼고 싶어서 고민하고 괴로워해요. 그러니 5학년에 진학하기 전 방학 때 부모님이 꼭 하셔야 하는 게 있어요. 바로 아이에게 참된 정체성과 자아 존중감에 대해서 알려 주는 거예요. '친구의 인정만 너무 중요하게 여기지 마라, 타인을 통해서 정체성을 인정받으려고 하지 마라, 나와 남이 다르다는 것을 인정하고 관계를 맺어야 한다, 분명히 혼자인 듯한 기분이 들 때도 있겠지만 너무 외로워하지 마라. 넌 혼자가 아니다.'라고 말이죠."

좋은 친구를 사귀기 위해서는 아이 스스로 매력적이어야 한다. 친구 관계에 의해 쉽게 좌지우지되는 5학년, 자기중심을 지키면서 좋은 사람이 될 수 있도록, 어려운 일이 생기면 언제든 부모에게 털어놓을 수 있도록 신경 써야 한다.

내 아이를 수포자로 만드는
수학 개념을 잡아라

5학년 수학 교과서를 보면 매 단원 쉬운 내용이 없다는 생각이 든다. 연산은 연산대로, 도형은 도형대로 어렵다. 4학년까지의 수학 개념이 완벽하게 머릿속에 있지 않은 아이는 5학년 수학을 접한 순간 좌절감을 느끼고 수포자의 길로 들어선다.

5학년 수학, 그중에서도 아이들이 가장 어려워하는 부분은 약분, 통분, 최대공약수, 최소공배수이다. 아이들은 분수가 자신의 수학을 다 버려 놓았다고 원통해한다. 부모는 내 아이가 수포자가 되지 않도록 약수와 배수, 분수의 개념을 확실히 잡아 주어야 한다. 이를 위해 가장 먼저 할 일은 5학년에 올라가기 전 겨울 방학 동안 4학년까지의 수학을 완벽하게 복습하는 것이다. 5학년에서 배우는 약분, 통분은 약수, 배수, 곱셈, 나눗셈이 자유자재로 되어야 개념 이해뿐 아니라 연산도 할 수 있기 때문이다.

다음은 5학년 학생들이 어려워하는 수학 개념들로, 미리 눈에 익혀 진학한다면 도움이 될 것이다. 만약 4학년까지의 수학 복습으로 시간이 없다면, 무리해서 예습할 필요는 없다. 다만 5학년 여름 방학 때 다음 내용을 아이가 제대로 알고 있는지 확인해 주길 바란다.

최대공약수와 최소공배수

약수

어떤 수를 나누어떨어지게 하는 수를 그 수의 약수라고 한다.

$$8 \div 1 = 8$$
$$8 \div 2 = 4$$
$$8 \div 4 = 2$$
$$8 \div 8 = 1$$

⇨ 약수

8을 1, 2, 4, 8로 나누면 나누어떨어진다. 1, 2, 4, 8은 8의 약수이다.

공약수

두 수의 공통인 약수를 공약수라고 한다. 예를 들어 12와 18의 공약수는 1, 2, 3, 6이다.

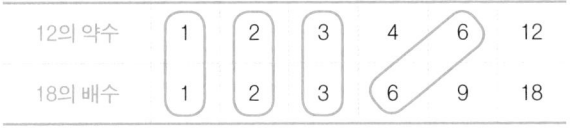

최대공약수

공약수 중에서 가장 큰 수를 두 수의 최대공약수라고 한다. 여러 수의 곱으로 나타내어 최대공약수를 구할 수도 있다. 두 수를 작은 수들의 곱으로 나타낸 후, 곱해진 수들 중 공통인 수들의 곱을 구하는 것이다. 이 방법으로 12와 18의 최대공약수를 구한다고 하면 다음과 같다.

$$12 = 2 \times 2 \times 3 \qquad\qquad 18 = 2 \times 3 \times 3$$
$$12와 18의 최대공약수 : 2 \times 3 = 6$$

두 수의 공약수는 최대공약수의 약수임을 알아 두면 좋다. 12와 18의 공약수는 1, 2, 3, 6인데, 이는 6의 약수이다.

공배수

두 수의 공통인 배수를 공배수라고 한다. 예를 들어 4와 6의 공통인 배수를 구하면 다음과 같다.

4의 배수	4	8	⑫	16	20	㉔	28	32	㊱	40	⋯
6의 배수	6	⑫	18	㉔	30	㊱	42	48	54	60	⋯

최소공배수

두 수의 공배수 중에서 가장 작은 수를 두 수의 최소공배수라고 한다. 예를 들어 4와 6의 최소공배수를 구하면 다음과 같다.

4의 배수	4	8	△12	16	20	㉔	28	32	㊱	40	⋯
6의 배수	6	△12	18	㉔	30	㊱	42	48	54	60	⋯

두 수를 여러 수의 곱으로 나타낸 다음, 공통인 부분(최대공약수)과 공통이 아닌 부분을 모두 곱하면 최소공배수를 구할 수 있다. 이를 식으로 표현하면 다음과 같다.

$$12 = 2 \times 2 \times 3 \qquad\qquad 30 = 2 \times 3 \times 5$$

공통인 부분 : 2×3 공통이 아닌 부분 : 2, 5

$12 = 2 \times 2 \times 3$	$2 \,)\,\overline{12\quad 30}$
$30 = 2 \times 3 \times 5$	$3 \,)\,\overline{6\quad 15}$
$2 \times 3 \times 2 \times 5 = 60$	$\quad\;\; 2 \qquad 5$

위의 예시처럼 12와 30의 공약수로 계속 나누어 '나눈 공약수'와 '밑에 남은 몫'을 모두 곱하면 12와 30의 최소공배수가 된다.

많은 학생이 이 같은 방법으로 최대공약수와 최소공배수를 구하는 것을 헷갈려하지만, 결국은 잘하게 된다. 도구적인 계산 연습을 통해 익숙해지기 때문이다. 하지만 약수 ⇨ 공약수 ⇨ 최대공약수, 배수 ⇨ 공배수 ⇨ 최소공배수의 개념을 차근차근 이해하지 않고 계산만 해서 구했다면 결국 문장제 문제에서 틀리게 된다. 최대공약수를 구하라는 문제인지, 최소공배수를 구하라는 문제인지 파악하지 못하기 때문이다.

예를 들어 다음과 같은 문제가 있다고 하자. 최대공약수와 최소공배수의 개념이 자리 잡혀 있지 않다면 아무리 최대공약수나 최소공배수를 구하는 방법을 안다고 해도 문제를 풀지 못한다. 최대공약수를 구해야 하는지, 최소공배수를 구해야 하는지 결정해야 하는 이런 문장제 문제를 아이들은 가장 어려워한다.

문제 1. 장미 30송이와 튤립 45송이를 될 수 있는 대로 많은 학생에게 남김없이 똑같이 나누어 주려고 한다. 한 학생이 장미와 튤립을 각각 몇 송이씩 받을 수 있을까?

문제 2. 윤희네 가족은 6주에 한 번씩 이웃 돕기 성금을 내고, 8주에 한 번씩 지역 봉사 활동을 한다. 이번 주에 두 가지를 동시에 하였다면, 다음번에 두 가지를 동시에 할 때는 몇 주 뒤인가?

1번 문제 풀이 : '남김없이 똑같이'라는 말에 주목하면 쉽다. 될 수 있는 대로 많은 학생에게 주는데, 거기다가 똑같이 나누어 주기로 했으므로 30송이와 45송이의 최대공약수를 구하면 된다. 이 두 수의 최대공약수는 15로, 최대 15명의 학생에게 똑같이 나누어 줄 수 있다는 의미이다. 즉 장미는 2송이씩(30 ÷ 15), 튤립은 3송이씩(45 ÷ 15) 받을 수 있다.

2번 문제 풀이 : '두 가지를 동시에'라는 말에 주목하면 쉽다. 윤희네 가족은 6의 배수(6, 12, 18, 24, 30, 36…)에 한 번씩 성금을 내고, 8의 배수(8, 16, 24, 32…)에 한 번씩 지역 봉사 활동을 한다. 이 두 가지를 동시에 하는 경우는 두 배수의 공배수일 때다. 다음번이라고 했으므로, 최소공배수인 24주 뒤가 답이다.

약분과 통분

약분

분수의 성질 중에는 '분모와 분자에 0이 아닌 똑같은 수를 곱하거나 똑같은 수를 나누어도 분수의 크기는 같다.'는 성질이 있다. 이를 이용해서 크기가 같은 분수를 만드는 방법에 약분과 통분이 있다.

분모와 분자를 그들의 공약수로 나누어 간단히 하는 것을 약분한다고 한다. 예를 들어 16과 24의 공약수를 구하면 2, 4, 8이다. 이를 이용해 $\frac{16}{24}$ 을 약분하여 크기가 같은 분수를 구하면 다음과 같다.

$$\frac{16 \div 2}{24 \div 2} = \frac{8}{12} \qquad \frac{16 \div 4}{24 \div 4} = \frac{4}{6} \qquad \frac{16 \div 8}{24 \div 8} = \frac{2}{3}$$

약분은 수 감각을 요구하며 분수의 곱셈과 나눗셈을 잘하는 기반이 되기 때문에 연습을 많이 해야 한다. 그동안 나눗셈을 철저하게 연습하지 않았다면 어떤 수로 나누어야 할지 헤매다가 시간만 지체되고, 결국 하기 싫어진다. 단순한 나눗셈이 아니라 두 수를 공통으로 나누어떨어지게 하는 수를 빠른 시간 안에 찾아야 하기 때문이다. 약분을 어려워하는 것은 수 감각이 부족하다는 의미로, 나눗셈의 연습이 부족했음을 뜻한다. 연습을 많이 하면 구구단 내에 있는 공약수뿐 아니라 13, 17, 19, 23으로 나누어 약분하는 것도 쉽게 할 수 있게 된다.

통분

통분은 분모를 갖게 하는 것으로, 공통분모로 통분할 수 있다. 아래와 같이 분자, 분모에 같은 수를 곱해서 크기가 같은 수들을 구한다. 그리고 분모가 같은 분수를 찾으면 된다.

$$\frac{3}{4} = \frac{6}{8} = \frac{9}{12} = \frac{12}{16} = \frac{15}{20} = \frac{18}{24} \cdots$$

$$\frac{5}{6} = \frac{10}{12} = \frac{15}{18} = \frac{20}{24} = \frac{25}{30} \cdots$$

두 분모의 곱이나 두 분모의 최소공배수로 통분할 수 있다. 다음은 4, 6의 곱으로 통분한 것과 4, 6의 최소공배수로 통분한 예이다.

$$\left(\frac{3}{4}, \frac{5}{6}\right) \Rightarrow \left(\frac{18}{24}, \frac{20}{24}\right) \Rightarrow \left(\frac{9}{12}, \frac{10}{12}\right)$$

공통분모
(두 수의 곱)

공통분모
(최소공배수)

5학년 분수의 덧셈, 뺄셈이 어려운 이유는 통분 때문이다. 분모가 같은 분수는 여러 개 만들 수 있다. 하지만 최소공배수로 공통분모를 만들 때 가장 계산이 편리하다. 통분을 하면 수가 커져서 통분하는 과정 중에 실수가 많이 일어난다. 이것 역시 많은 연습을 통해 어떤 수를 공통분모로 하여 통분하는 것이 효율적인지 판단할 수 있어야 한다.

분수의 사칙연산

5학년 연산의 대부분은 분수의 덧셈, 뺄셈, 곱셈, 나눗셈인데 분수의 사칙연산은 실수하기도 쉬울 뿐 아니라 복잡해서 아이들이 싫어하고 어려워하는 부분이다. 분모가 다른 분수의 덧셈과 뺄셈을 하려면 통분을 해야 하고, 분수의 곱셈과 나눗셈을 하려면 약분을 해야 하니 앞뒤 단원과 아주 긴밀하게 연계되어 있다.

분수의 덧셈

분수의 덧셈을 할 때는 통분을 왜 해야 하는지, 통분의 개념을 그림을 통해 정확하게 이해해야 한다. $\frac{1}{3} + \frac{1}{5}$ 의 계산을 통해 살펴보자.

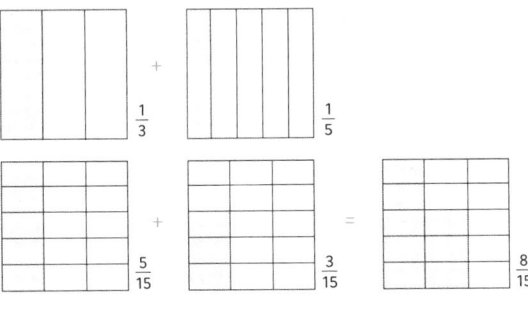

분수의 곱셈

$\frac{3}{5} \times \frac{2}{3}$ 의 계산을 통해 살펴보자.

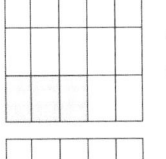

$\frac{3}{5} \times \frac{1}{3}$ 은 $\frac{3}{5}$ 을 세 조각으로 나눈 것 중에 한 조각을 의미한다.

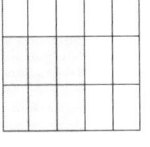

$\frac{3}{5} \times \frac{2}{3}$ 는 $\frac{3}{5}$ 을 세 조각으로 나눈 것 중에 두 조각을 의미한다.

평면도형의 둘레와 넓이

　평면도형(직사각형, 삼각형, 평행사변형, 사다리꼴, 마름모)의 둘레와 넓이를 구할 때는 각 도형의 넓이 구하는 공식을 단순 암기하는 것이 아니라 그 원리를 알고 설명할 수 있어야 한다. 예를 들어 높이가 4cm이고 아랫변이 8cm, 윗변이 4cm인 사다리꼴로 사다리꼴의 넓이 구하는 공식이 유도되는 과정을 살펴보면 다음과 같다.

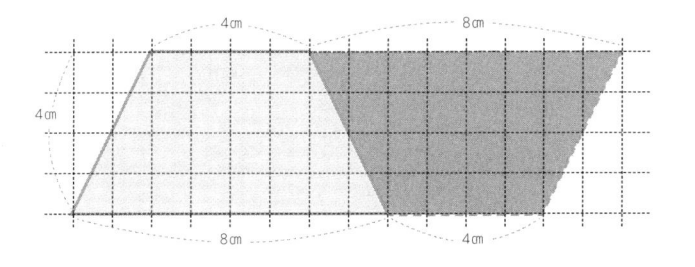

　같은 사다리꼴 두 개를 붙인다. 밑변의 길이는 아랫변과 윗변의 길이를 더한 12cm이고, 높이는 4cm인 평행사변형이 된다. 평행사변형의 넓이를 구한 후에 반으로 나누면 사다리꼴의 넓이가 된다는 사실을 유념하며 사다리꼴의 넓이 구하는 공식을 유도하면 {(아랫변) + (윗변)} × 높이 ÷ 2가 된다는 사실을 알 수 있다.

다양한 도형의 넓이

다양한 도형의 넓이 구하는 문제를 많이 풀어 보아야 한다. 일단 도형을 기본적인 도형인 사각형과 삼각형으로 만든다는 생각으로 접근하면 한결 수월해진다.

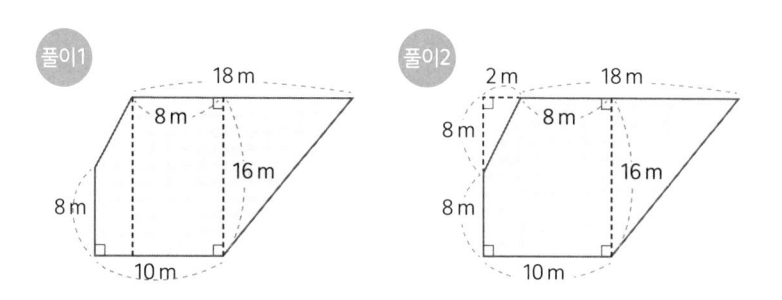

예를 들어 왼쪽 도형의 넓이를 구할 경우, 일단 여러 도형으로 잘게 나누거나, 큰 도형으로 만들어 보게 한다. 여러 가지 방법이 있겠지만 다음과 같은 풀이를 생각해 볼 수 있다.

풀이1은 사다리꼴과 직사각형, 삼각형 세 개의 넓이를 더해서 구하는 방법이다. 풀이2는 큰 사다리꼴로 만든 후 작은 삼각형의 크기를 빼서 구하는 방법이다. 이처럼 복잡한 도형은 무조건 사각형과 삼각형으로 나누어서 계산할 것을 알려 주자.

선대칭과 점대칭

선대칭과 점대칭 역시 아이들이 어려워하는 부분이다. 특히나 점대칭을 헷갈려하는데 3학년 때 나오는 도형 뒤집기를 잘하지 못하던 아이들은 역시나 5학년 때도 힘들어한다.

어림

5학년 2학기에 올림, 버림, 반올림의 개념이 나오는데, 아이들은 언제 올림을 하고, 버림을 하고, 반올림을 해야 하는지 어려워한다. 그러다 보니 일상생활에서 올림, 버림, 반올림을 해야 하는 순간을 연결시키는 문제가 나오면 힘들어한다. 또한 '올림하여 백의 자리까지 나타내세요.' '버림하여 소수 첫째 자리까지 나타내세요.'와 같은 말 자체도 헷갈려한다.

예를 들어 74540을 천의 자리에서 올림하라고 하면 천의 자리 숫자인 4를 올림해서 80000이 된다. 하지만 올림해서 천의 자리까지 나타내라고 하면 백의 자리 숫자인 5를 올림해서 천의 자리인 4가 5가 되어 75000이 된다.

문제 1 다음 숫자 중 올림하여 백의 자리까지 나타내면 6800이 되는 수를 모두 찾아보세요.

6700 6701 6733 6808 6841

답 : 6701, 6733

백의 자리까지 나타내려면 올림을 하여 6800이 되는 수를 찾으면 된다. 백의 자리 미만에 숫자가 있으면 무조건 올림이 되는 것이므로 6701 이상 6800 이하의 숫자는 올림해서 6800이 된다고 할 수 있다. 즉 6700 -> 6700, 6701 -> 6800, 6733 -> 6800, 6808 -> 6900, 6842 -> 6900이 된다.

문제 2 등산객 142명이 전망대에 오르려고 케이블카 앞에 줄을 서 있습니다. 케이블카 한 대에 탈 수 있는 정원이 10명일 때 케이블카를 최소 몇 번 운행해야 하는지 알아봅시다.

답 : 15번

올림, 버림, 반올림 중에서 어떤 방법으로 어림해야 하는지 물어보는 문제다. 사람을 버리고 갈 수 없고 10명이 정원이므로 올림하여 10의 자리까지 나타내야 한다. 따라서 142를 올림해서 10의 자리까지 나타내면 150이고, 10명씩 타므로 15번 운행해야 함을 알 수 있다.

◆ 한눈에 보는 5학년 수학 단원과 개념

학기	단원명	5학년 수학 개념
1학기	자연수의 혼합 계산	덧셈, 뺄셈, 곱셈, 나눗셈의 혼합 계산, 괄호
	약수와 배수	약수, 배수, 공약수, 최대공약수, 공배수, 최대공배수
	규칙과 대응	한 양이 변할 때 다른 양이 변하는 대응관계, 표, 규칙
	약분과 통분	크기가 같은 분수, 약분, 기약분수, 통분, 공통분모, 분수와 소수 크기 비교
	분수의 덧셈과 뺄셈	(진분수) + (진분수), (대분수) + (대분수), (진분수) - (진분수), (대분수) - (대분수)
	다각형의 둘레와 넓이	$1cm^2$, $1m^2$, 정다각형과 사각형의 둘레, 직사각형, 평행사변형, 삼각형, 마름모, 사다리꼴의 넓이
2학기	수의 범위와 어림하기	이상, 이하, 초과, 미만, 올림, 버림, 반올림
	분수의 곱셈	(진분수)×(자연수), (대분수)×(자연수), (자연수)×(진분수), (자연수)×(대분수), (단위분수)×(단위분수)
	합동과 대칭	합동, 대응점, 대응변, 대응각, 선대칭도형, 대칭축, 점대칭도형, 대칭의 중심
	소수의 곱셈	(소수)×(자연수), (자연수)×(소수), (소수)×(소수)
	직육면체	직육면체의 면, 모서리, 꼭짓점, 직육면체의 겨냥도와 전개도, 정육면체, 정육면체의 전개도
	평균과 가능성	평균 구하기, 일이 일어날 가능성

5학년 여름 방학 체크 리스트

□ 2학기 사회, 역사 준비하기
□ 아이의 생각을 만들어 주는 토론과 독서하기
□ 이성 교제에 대해 함께 생각하기

5학년 2학기부터 역사를 배운다. 역사는 학습해야 하는 양이 엄청난 과목으로, 처음 접하는 아이는 당황할 수도 있다. 기분 좋게 역사 공부를 시작할 수 있도록 여름 방학 때 미리 준비를 해 주자. 더불어 사고가 무르익는 5학년, 가정에서 아이의 논리력을 키워 주는 방법에 대해 소개하고자 한다.

5학년 2학기에 몰아 배우는
역사 공략법

5학년 2학기부터는 역사가 나온다. 「초등학생의 역사 의식 발달 연구」결과에 따르면 초등학교 저학년 학생은 시간 개념의 차이를 인지하지 못하고 오래된 것, 옛날 것이라는 막연한 개념만 갖고 있다. 따라서 옛이야기를 읽는 정도로 만족해야 한다. 중학년은 되어야 옛것과 지금의 것을 구분할 수 있고, 시간의 흐름을 느낄 수 있어서 4학년부터는 연표 학습 정도가 가능해진다. 그리고 초등학교 5학년이 되면 역사적 사실에 대한 인과 관계를 생각할 수 있고, 역사적 흥미가 커지기 시작한다. 이런 까닭으로 5학년부터 역사 교육이 시작되는 것이다. 6학년이 되면 인과 의식이 점차 강화되어 체계적 역사 교육이 가능해진다. 하지만 시대사 중심의 역사 교육은 아직 무리이며, 인물을 시대와 관련지어 공부하거나 전기적, 일화적 이야기를 통해 역사 교육을 하는 것이 좋다.

이 연구 결과에 처음 배우는 5학년 역사 공부에 대한 힌트가 담겨 있다. 역사를 재미있는 이야기로 받아들일 수 있도록 지식과 정보를 이야기 형식으로 전달해 주는 역사 동화나 역사 만화를 읽게 하는 것이다. 부족한 역사 지식은 동화나 만화로 충분히 친숙해지고 난 뒤에 지식 정보책으로 확장시켜 주어도 늦지 않다.

김미숙 선생님은 이에 더 나아가 "방학 때 역사책을 읽고 경주나 공주, 부여와 같은 역사 도시에 여행을 가 보면 좋겠어요. 그게 힘들다면 박물관에라도 가 보세요."라고 조언한다. 역사의 현장을 직접 느끼다 보면 보다 생생하게 다가와 더욱 재미있게 받아들여진다. 이는 고스란히 역사 공부의 동기 부여가 된다.

역사 대화를 나눠라

역사책을 읽고, 여행을 가고, 영화를 보면서 '이성계가 위화도 회군을 한 것은 잘한 일이었을까?' '만약에 세종대왕, 이순신, 영조가 대통령 선거에 나오면 누구를 대통령으로 뽑을래?' '흥선 대원군은 개화를 해야 했을까?' '10만 원짜리 지폐가 생기면 어떤 인물이 들어갔으면 좋겠어?' '네가 일제 강점기로 돌아간다면 어떻게 했을 것 같아?'와 같은 '역사 대화'를 나눠 보자.

아빠 : 지민아, 오늘 개천절인데 단군 이야기 알고 있으면 같이 이야기해 볼까? 아빠가 처음을 시작해 볼게. 환웅이 비, 바람, 구름을 다스리는 신하와 3,000명의 무리를 데리고 하늘에서 태백산으로 내려왔어요.

아이 : 음. 사람이 되고 싶은 곰과 호랑이가 환웅에게 와서 사람이 되게 해 달라고 빌었어요. 그러자 환웅은 동굴에서 마늘과 쑥만 먹고 100일을 버티라고 했어요.

아빠 : 호랑이는 참지 못하고 나갔고, 곰은 사람이 되었어요. 환웅은 사람이 된 곰에게 웅녀라는 이름을 지어 주었어요. 그리고 세상을 다스리다가 웅녀와 결혼하여 단군을 낳았어요.

아이 : 단군은 우리나라 최초의 국가인 고조선을 세웠어요.

아빠 : 고조선에 법이 있었다는 거 알고 있니?

아이 : 네, 아마도 법이 있었겠죠?

아빠: 몇 개쯤 있었을까?

아이 : 글쎄요. 스무 개?

아빠 : 여덟 개야. 그래서 8조법이라고 해. 우리나라 최초의 법인 셈이지. 그런데 오래전에 만들어진 법이라 아쉽게도 여덟 개의 조항 중에서 세 개만 전해지고 있어. 그 세 개는 '남을 죽인 사람은 사형에 처한다, 남을 때려 다치게 한 사람은 곡식으로 보상한다, 남의 물건을 훔친 사람은 그 물건의 주인집의 노예가 되어야 한다. 만약 풀려나려면 50만 전을 내야 한다.'란다.

아이 : 아휴, 법이 무섭네요.

아빠 : 나머지 다섯 개의 법은 무엇이었을까? 상상해 볼까?

일단 역사 대화를 나누려면 부모도 역사에 대한 지식이 있어야한다. 먼저 찾아보면 좋지만 공부할 시간이 없다면 책을 함께 보면서 대화를 나눠도 좋다. 단순히 역사적 사실에 대해 물어도 좋고더 나아가 다음의 질문처럼 만약을 상상해 보거나 옳고 그름을 따져 보는 대화를 해도 좋다. 역사에 강한 아이로 만들어 줄 것이다.

- 만약에 너라면 이러한 역사 갈등 상황에서 어떻게 했겠니?
- 타임머신을 타고 돌아간다면 역사 주인공에게 뭐라고 조언해 줄래?
- 만약 역사 주인공이 다른 선택을 했다면 지금 어떻게 되었을까?

역사를 배우기 전에는 부모도, 아이도 걱정을 많이 한다. 역사는 이야기이며 우리의 삶이다. 어려워할 이유가 없다. 실제로 수업 시간에 역사를 배우면 아이들은 옛이야기를 듣는 것 같다고 좋아한다. 학원을 다니면 오히려 역사는 부담스럽고 어려운 과목이라는 선입견만 생긴다. 책이나 영화, 여행으로 가볍게 역사를 접해 보는 정도로 충분하다.

역사 일기를 써라

역사를 배우고 나서 그것을 학습 일기로 써 보자. 과거로 돌아 갔다고 가정하고 1인칭 시점으로 일기를 쓰면 내용이 더 쉽게 와 닿고, 기억도 잘 난다. 예를 들어 고려 시대로 돌아가 일기를 쓴다 고 하면 다음처럼 역사적 사실을 곁들여 최대한 구체적으로 상상 하며 쓰는 것이다.

> 옆집에 사는 친구 집에 놀러 갔다가 마루에 있는 도자기를 보았다. 내가 "오, 이 도자기 너무 멋있네. 이거 나 주면 안 돼?" 그랬더니 친구가 절대 안 된다고 했다. "이거 우리 아 빠가 몇 년 동안 고심해서 만든 새로운 기법의 도자기라고. 중국에 가서 보고 새로운 공예 기법을 만드셨대." 그때 친구 아빠가 오시더니 설명해 주셨다. 그 도자기의 이름은 상감 청자라고 했다.

어떻게 보면 동화 같지만 나만의 이야기로 바꾸는 것은 알게 된 역사적 사실을 나만의 방식으로 인출하려는 시도이다. 이는 배운 것을 쉽게 이해하고 오래 기억할 수 있도록 도와준다.

독서 능력을 잡아 주는
마지막 시기

5학년이 되면 국어 교과서 속 지문의 출처가 더욱 다양해지고 길어진다. 중학년이 음독에서 묵독으로 넘어가는 과도기였다면 고학년은 묵독 중심, 의미 중심으로 글을 읽으며 읽기 능력을 발달시키는 시기이다. 저학년까지는 읽는 방법을 배우는 시기(learning to read)였다면 고학년부터는 배우기 위해 읽는 단계(reading to learn)인 셈이다. 그동안 충분히 읽기 능력을 다져 놓았다면 이제 자신이 필요한 책을 선택해서 읽을 수 있다.

하지만 고학년이 되었는데도 책을 읽지 않는 것은 책을 안 읽는 것이 아니라 못 읽는 것일 확률이 높다. 책을 아무리 봐도 내용을 이해하지 못하니 재미가 없는 것이다. 그러니 독서를 하라고 하면 겨우 학습 만화를 가져다 본다. 사실 중학년까지를 독서 습관을 형성하는 시기라고 보지만, 늦었다고 생각할 때가 가장 빠르다. 5학년 여름 방학, 아이의 독서 습관을 잡아 주고 읽기 능력을 키워 주자.

이 시기 아이들은 어휘력, 두뇌 능력이 굉장히 발달한다. 사춘기 이전에 어휘력의 80퍼센트가 습득된다고 하니, 이 시기의 아이들은 어른이 읽는 책도 충분히 읽을 수 있다. 교육학자 피아제에 따르면 만 11세 이후인 5~6학년은 추상적 개념을 이해할 수 있고, 가설을 세우고 검증하는 추리가 가능한 형식적 조작기이다. 따라서 넓은 세계를 소개한 책, 다양한 시각을 담은 책, 비평이 담긴 책, 한 가지 주제를 심도 있게 다룬 책으로 아이의 성장 발달에 긍정적인 자극을 선사할 수 있다.

이에 딱 맞는 책이 바로 인문 고전이다. 고전 문학도 좋다. 단, 원작으로 읽어야 한다. 고전은 줄거리 파악을 위해 읽는 책이 아니라, 읽는 과정에서 깨달음을 얻는 책이기 때문이다. 짧게 요약 편집된 책으로는 고전의 장점을 오롯이 아이 것으로 만들어 주기가 힘들다. 물론 시대적 배경과 어휘가 달라 어려워할 수는 있지만 「톨스토이 단편선」처럼 고전 중에도 비교적 쉽게 접근할 수 있는 책들이 많이 있으니 좌절할 필요는 없다. 또 어린이용 편집본으로 먼저 읽고 흥미가 생긴 책을 원작으로 읽어도 좋다.

톨스토이의 책은 '우리는 왜 태어났나요?' '죽으면 어떻게 되나요?'처럼 철학적 고민을 시작하는 이 시기 아이들에게 답을 고민해 보게 하고 방향을 알려 주어 더욱 좋다. 중학년까지는 눈에 보이는 현상에 대해 궁금해했다면 이제는 추상적인 것들에 대해 궁금해하기 시작한다. 그러한 질문을 받았을 때, 뭐라고 대답해 줘야 할지 난감하다면 해결 방법은 책 읽기에서 찾아야 한다. 고전이나 철학 관련 책, 위인들의 이야기 등을 다양하게 읽다 보면 이러한 철학적인 의문에 대해 깨달음을 얻을 수 있고 자신만의 가치관을 형성하는 데 도움이 되기 때문이다. 또 부모나 선생님의 말은 잔소리라고 생각하는 아이들에게는 좋은 책을 통해 깨닫게 하는 것이 가장 이상적이다. 이렇게 말하면 책은 어떻게 골라 줘야 하느냐고 물어보는 사람이 많다. 가장 쉬운 방법은 아이가 「톨스토이 단편선」을 재미있게 읽었다면, 톨스토이가 쓴 다른 책을 권해 주는 것이다. 그러다 또 다른 흥미가 생기면 그 흥미에 따라 골라 주면 된다.

자신의 생각을 만들어 가는 대화법

5학년 국어 시간에는 토의나 토론을 많이 한다. 자신의 관점이 없는 아이들은 당연히 수업을 따라가기 벅차다.

김미숙 선생님은 "책을 읽으면 자신만의 생각이 생기고 관점이 생겨요. 책뿐 아니라 기사나 뉴스도 좋아요. 이것들을 본 뒤 부모님과 이야기를 많이 나눈 아이들일수록 말을 잘해요. 자신의 관점을 세우고 표현하는 데 익숙하거든요. 만약 처음부터 대화를 나누는 게 힘들다면, 신문이나 뉴스를 보고 공책 정리를 시켜 보는 것도 좋아요. 부모님과 함께 핵심 내용을 자기 말로 요약하여 정리해 보고 이를 발표해 보면 토론하는 능력도 기를 수 있고 훌륭한 사회 공부가 되죠."라고 말한다. 대화 주제가 꼭 사회적 이슈여야만 하는 건 아니다. '이성 교제에 대해 어떻게 생각하니?' '스마트폰 사용에 대해 어떻게 생각하니?' '초등학생이 화장하는 것에 대해 어떻게 생각하니?'처럼 일상을 주제로 하여 이야기를 나눠 보는 것도 좋다. 초등학생의 생활에 대해 이야기해 봄으로써 아이의 생각을 알 수 있는 동시에 사춘기인 아이와 가까워지는 계기가 된다.

고학년은 지식과 지혜가 총집합되는 시기이다. 국어, 수학, 사회, 과학 등 어느 과목의 내용을 봐도 쉬운 내용이 하나 없다. 사회와 과학 교과서 내용을 보면 고등학교 교과 내용과 거의 비슷하다. 내용만 적고 그림이 있을 뿐이다. 그 의미인즉슨 5학년 여름 방학이면 이제 사고가 충분히 무르익었다는 뜻이다. 한 분야의 책을 심도 있게 고루 읽고 아이와 토론인 듯 토론 아닌 대화를 나눠 보는 시간을 가지며 고학년 방학을 알차게 보내 보자.

방학 때 경험하는 홈스쿨링 코딩

컴퓨터가 이해할 수 있는 언어인 코드를 입력해 기계들이 작동할 수 있게 하는 과정을 '코딩'이라고 한다. 스마트폰, 자동차, TV, 컴퓨터 등과 같은 기기에는 기계를 작동시키는 프로그램이 탑재돼 있다. 이 프로그램이 작동하기 위해서는 기계가 이해할 수 있는 언어로 명령해야 하는데, 이때 쓰이는 언어가 코드이다. 코딩은 바로 이 코드를 이용해 인간의 명령을 컴퓨터가 이해할 수 있게 프로그램을 만드는 과정이라고 할 수 있다.

예를 들어 사람에게 "샌드위치를 만들어 줘."라고 말하면 알아서 만들어 주지만 컴퓨터에게 샌드위치를 만들라는 명령을 입력하려면, 빵을 깐다. ⇨ 양상추를 올린다. ⇨ 패티를 올린다. ⇨ 토마토를 올린다. ⇨ 소스를 뿌린다. ⇨ 치즈를 올린다. ⇨ 빵을 올린다. 이렇게 절차를 하나하나 입력해야 한다. 코딩은 '절차적 사고'가 기본이다.

코딩은 6학년 실과 교과서에 나온다. 방과 후 교실이나 교실에서 코딩 프로그램을 접해 보고 실제로 "선생님, 저 심심하면 엔트리해요."라고 말하는 학생들이 많다. 그리고 이런 코딩 프로그램

◆ 코딩을 연습하는 사이트

사이트 이름	설명	주소
엔트리 (Entry)	2013년 대한민국 엔트리 교육 연구소에서 개발한 블록 기반 교육용 프로그래밍 도구. 우리나라에서 개발하였기 때문에 한글이 완벽히 지원된다.	https://playentry.org
스크래치 (Scratch)	2007년 미국 MIT 미디어랩에서 개발한 블록 기반 프로그래밍 도구. 어린이들에게 그래픽 환경을 통해 컴퓨터 프로그래밍에 관한 경험을 쌓게 하기 위한 목적으로 설계되었다. 세계적으로 널리 쓰이는 교육용 프로그래밍 언어로써 40개국 언어로 150개국 이상의 나라에서 사용되고 있다.	https://scratch.mit.edu
코드닷오아르지 (CODE.ORG)	2013년 미국의 모든 학생들에게 과학, 기술, 공학, 수학 및 프로그램 코딩을 가르치도록 독려하기 위해 미국에서 만들어진 비영리 단체. 무료 코딩 교육 및 코딩 교육 과정을 제공하고 있으며 'Hour of coding' 프로젝트를 180개국 이상의 국가에서 진행하고 있다.	http://code.org

을 알려 주면 몇 번 해 보지 않아도 직관적으로 너무 잘한다. 코딩까지 사교육을 시켜야 하나 불안해하기보다는 시간이 있는 방학 때 한 번쯤 경험해 보면 좋겠다.

◆ 코딩을 게임식으로 경험해 볼 수 있는 어플

어플 이름	설명	다운 가능한 곳
MAKE	'학습하기'에 들어가면 프로그래밍 언어를 간단하게 배울 수 있다. 학습하기 - 코딩월드 - 펭카소 따라 그리기를 누르면 단계적인 코딩 학습이 가능하다.	플레이스토어 앱스토어
Box Island	난이도가 매우 낮다는 것이 장점이자 단점이다. 구조에 대해 이해할 수 있다.	앱스토어
알고리즘시티	한국어 지원이 안 되고 아이콘을 직관적으로 파악하기 어려워 적응하는 데 조금 시간은 걸리지만 다양한 난이도가 있다. 조건문은 없지만 반복 구조를 파악하는 데 좋다.	플레이스토어

영어 일기 쓰기에
도전하라

5학년 때는 영어 교과서에 쓰기가 본격적으로 등장하기 시작한다. 3, 4학년 군에서는 단순히 알파벳과 단어를 쓰거나 문장 따라 쓰기를 했다면 5, 6학년 군의 교과서에는 직접 문장을 만들어 보고, 배운 표현을 활용하여 짧지만 다양한 형식의 글을 쓴다.

방학 때 영어 일기 쓰기에 도전해 보면 어떨까? 말이나 글로 '출력'하는 것은 듣기나 읽기의 '입력'에 대한 동기를 올리기도 하고, 내가 배운 영어를 활용해 글을 쓴다는 것 자체가 굉장한 성취감을 주기 때문이다. 영어 일기라고 해서 매일 있었던 일을 꼭 써야 한다기보다는 한 가지 주제 글을 영어로 쓴다고 생각하면 된다.

◆ 영어 일기 주제 예시

1. My family

2. My vacation plan

3. My favorite subject

4. I have a cold

5. Working out is hard

6. My pet

7. My secret

8. My teacher

9. My friend

10. I feel happy when….

11. My dream

12. When I was young….

13. I like my school

14. My hobby

15. If I were an adult….

일기는 일기의 형식을 갖추어야 하기 때문에 날짜, 요일, 날씨 쓰는 방법을 익히고, 문장을 쓰는 기본 규칙을 익혀야 한다.

◆ 영어 문장 쓰는 규칙

1. 모든 문장의 시작은 대문자로 한다.

예) It is sunny.

2. 고유 명사, 이름, 장소, 달, 요일은 항상 대문자로 쓴다.

예) Jane, Korea, September, Tuesday

3. 문장이 끝날 때는 마침표를 찍는다.

4. 동사의 시제와 단수, 복수가 일치하는지 확인한다.

일기를 쓰다가 막히면 인터넷에서 영어 사전을 찾거나, 구글이나 네이버 번역을 이용해도 좋다. 일단 쓰는 것에 의의가 있기 때문이다. 또 시중에 나온 영어 일기책을 사용해서 영어 쓰기를 연습해도 좋다. 너무 완벽하게 영어 글을 쓴다기보다 영어로 표현하면서 영어에 대한 흥미와 동기를 높이고 배운 것을 활용해 본다고 생각하며 영어 일기에 도전해 보자.

피해 갈 수 없는
성교육

초등학생들의 이성 교제는 더 이상 못된(?) 애들이나 하는 맹랑한 행동이 아니다. 연애 문제는 평범한 우리 아이들의 관심사가 되었다. 이성과의 교제를 생각하는 연령대도 점점 낮아지고 있다. 한번은 "너희들은 사귀면 뭐 하니?"라고 물어보았다. 아이들은 같이 맛있는 것 먹고 노래방 가고 한단다. 어른들의 교제와 아이들의 교제는 확실히 다른 듯하다. 그냥 예쁜 친구, 멋진 친구, 친해지고 싶은 친구 정도의 개념이며, 주변 친구들이 모두 사귀니 좋은 감정이 생기면 사귄다는 말로 표현하는 것 같았다.

이렇게 보면 아이들의 이성 교제에 대해 부정적으로 생각할 필요가 없다는 생각이 든다. 하지만 여전히 아이들이 어리기 때문에 과도한 스킨십이나 잘못된 성 가치관으로 이어지진 않을지, 해야 할 일들에 소홀해지진 않을지 걱정이 남아 있다.

　이성에 대한 욕구는 억압한다고 사라지지 않는다. 따라서 무조건 안 된다고 하기보다 아이가 자라면서 거치는 자연스러운 발달 단계의 하나로 받아들이고 허용해 주는 것이 좋다. 아이의 감정을 함께 공유하고 적절한 가이드라인을 제시해 준다면 이성 교제는 오히려 성장에 큰 도움을 줄 수 있다. 무엇보다 이성 교제는 '타인과 관계 맺기'의 좋은 연습이 된다. 사람과 관계를 맺고 어울리며 살아가는 방법을 배우는 하나의 과정이라고 볼 수 있는 것이다.

　아이가 이성에 대해 느끼는 감정, 관계에서 오는 어려움에 대해 부모에게 터놓고 이야기할 수 있는 분위기를 만들어 주는 게 무엇보다 중요하다. 이성 교제는 비밀스러워질수록 변질될 위험성이 크기 때문이다. 이를 위해서는 아이의 이성 교제 사실을 알았을 때 부모가 너무 유난스럽게 받아들이며 감시하는 느낌을 주어서는 안 된다. 따져 묻는 느낌이 들면 아이는 아예 입을 닫아 버리거나 거짓말을 하게 된다. 그렇다고 아이들의 감정이라고 유치하다, 귀엽다 하며 사소한 일로 치부해서도 안 된다.

　드라마나 음악 프로그램을 아이와 함께 볼 때 "저런 애 어때? 멋있지?"라거나 "요즘 아이들은 커플 기념일에 어떤 선물을 해?"라는 식으로 자연스럽게 이야기 주제를 꺼내 마음의 거리를 좁혀 보는 것도 좋다. 또는 부모의 어린 시절 짝사랑 이야기를 해 주는 것도 자연스럽게 이야기를 유도하는 데 도움이 된다. 이성 교제를 공개할 수 있는 분위기를 만들어 주어 상대 아이의 이름이나 집, 전화번호 정도는 알아 두길 바란다.

그럼에도 걱정이 먼저 앞설 부모에게 희망을 주자면, 아이의 이성 교제는 공부의 원동력으로 활용할 수 있다. "공부를 잘하면 아마 지현이가 더 좋아할 텐데."라는 식으로 동기를 만들어 주는 것이다. 실제로 교실에서도 수업 시간에 한참 장난을 치고 있는 아이에게 "대경아, 민아가 보고 있다."라고 한마디 하면 다시 자세를 고쳐 앉는다.

성별에 따라 달라지는 성교육

고학년은 성에 대한 궁금증이 커지는 시기이다. 이성 교제를 하면서 신체 접촉이 생기기도 하고, 성인 동영상에 노출된 남자아이들은 여자아이들을 성적 대상으로 보기도 한다. 교실에서 불쑥 "선생님, 그거 해 봤어요?" "선생님, 민우는 야동 본대요." 이런 말을 하여 당황케 한 적이 한두 번이 아니다. 이때마다 모른 척할 수도, 무작정 혼을 낼 수도 없어 고민이 된다.

빠른 아이들은 4학년 때부터 관심을 갖고 늦은 아이는 초등학교를 졸업할 때까지도 별 관심이 없다. 학교에서 일괄적으로 성교육을 하면 좋겠지만 아이들의 성에 대한 지식 수준이 각각 다르기 때문에 한계가 있다. 따라서 성교육은 각 가정에서 동성의 부모가 하는 게 가장 좋다.

가정에서 성에 대해 이야기하는 게 어색할지라도 아이에게 자연스럽게 이야기를 해야 한다. 그래야 성의 소중함에 대해 느끼고 올바른 가치관을 가질 수 있다. 평균적으로 5학년 2학기 때쯤 부쩍 성적 이야기들을 많이 하는 모습을 보인다. 5학년 여름 방학을 성교육 시기로 잡아 보는 건 어떨까. 물론 이 시기는 각 가정에서 아이에 맞게 조절해야 한다.

아이에게 성에 대해 알려 줄 때는 다음 사항을 염두에 두고 지도하도록 하자.

첫째, 어른이라는 전제를 두고 교육을 해야 한다. 실제 임신이 가능한 나이임을 잊지 말아야 한다. 초등학교 고학년에게 성교육을 하면 다양한 질문들이 나오는데, 이때 핀잔을 주거나 "남자와 여자가 사랑하는 거야."와 같이 단지 아름답고 추상적인 말로 얼버무리면 아이들은 더 궁금해한다. 적절한 용어를 사용하여 솔직하게 알려 주어야 한다. 성의껏 설명해 주지 않는다면 더 이상 부모와 성에 대한 대화가 이루어지지 않을 것이다.

둘째, 아이들은 성행위에 대한 구체적인 대답을 듣길 원한다. 당황하지 말고 침착하게 설명해 준다.

셋째, 임신과 출산에 대해서도 구체적으로 설명해 준다. 생명을 잉태하고 출산할 때의 고통과 과정 그리고 그 의미 등을 자세하게 설명한다. 이와 더불어 피임에 대해서도 가르쳐야 한다. 부모는 우리 아이가 그러지 않았으면 해서 피임에 대한 언급 자체를 피한다. 하지만 원치 않은 임신을 하는 것보다는 피임을 하는 편이 낫다.

넷째, 남녀의 신체 차이를 속 시원히 알려 주며, 초등학생 때의 교제와 성인이 되어 책임을 질 수 있을 때의 이성 교제(결혼)는 큰 차이가 있음을 알려 준다.

다섯째, 실제 빈번하게 일어나는 성폭력이나 성적 장난에 대해 명확하게 교육한다.

다음은 『아이가 열 살이 넘으면 하지 말아야 할 말 해야 할 말』(앤서니 울프, 걷는나무)이라는 책에서 남자아이와 여자아이를 위해 조언해 주고 있는 내용이다. 대단히 현실적인 조언들이라 소개하고자 한다.

남자아이를 위한 조언

- 여자의 '싫어'는 절대적으로 '싫어'를 의미한다. 신체 강압은 절대로 용인되지 않는다.

- 여성 스스로 판단력이 흐려지는 상황을 만든다고 해도, 단둘이 한 공간에 있게 된다거나 술을 마신다거나 해도 몸을 허락한다는 의미가 아니다.
- 성관계는 개인적인 일이기에 남들에게 자랑할 일이 아니다.
- 콘돔 없이 절대 성관계를 갖지 않는다. 남자와 여자 모두에게 위험하다.
- 여성의 신체를 놀림감으로 삼아서는 안 된다.

여자아이를 위한 조언

- 성관계를 한다고 남자와 친밀해지지 않는다. 오히려 남자들은 '이제 그 여자애와 성관계를 또 가질 수 있겠구나.' 하고 생각한다.
- 특정 시점에 했던 남자의 말은 주로 진심이다. 하지만 시간이 지나도 같은 감정일 것이라는 생각을 하지 마라. 성행위에 따른 친밀감은 감정에 강한 영향을 끼치나 신체적 친밀감이 끝나면 그런 감정들도 함께 끝날 수 있다.
- 성관계를 나눈 사실이 알려지지 않을 것이라는 생각은 하지 마라. 페이스북, 카톡, 문자 등이 소문보다 빠른 이 시대에 너의 일이 퍼져 나갈 수 있다.
- 성 경험은 어른이 없는 상황에서 일어날 가능성이 높다.
- 남자 친구가 질투가 많고 구속하려고 하면 만나면 안 된다.

- 남자 친구가 어떤 형태로든 폭력을 행사하려고 하면 즉각 그 자리를 피하라. 친구들과 어른들에게 반드시 말해라.
- 어떤 형태로든 성적 행동이 일어날 것 같은 상황이 오기 전에 얼마나 자신을 허용할지 미리 생각해 두어라.

이성을 알게 되면 누구나 성적 호기심이 생기게 되며, 특히 은밀한 곳에서는 그런 욕구가 더 강해지기 때문에 기본적인 성교육이 꼭 필요하다. 집에 아무도 없을 때 이성 친구를 데려오거나, 이성 친구와 함께 있을 때 문을 꼭 닫는 것은 예의가 아니라고 알려 줘야 한다.

어느 정도 스킨십을 해도 되는지 기준을 제시해 줄 필요도 있다. 어색하다 생각할 수 있지만 아이들은 오히려 그런 이야기에 더 적극적인 반응을 보인다. 스킨십을 하다 보면 성적인 충동이

◆ 성교육을 할 때 참고할 만한 책

	제목	지은이	출판사
1	『구성애 아줌마의 뉴 초딩 아우성』	구성애	올리브엠앤비
2	『부모가 시작하는 내 아이 성교육』	백경임	샘터
3	『성교육을 부탁해』	이영란	풀과바람
4	『성교육 상식 사전』	인간과 성 교육연구소	길벗스쿨

일 수 있다. 자제하지 못해 벌어질 수 있는 일들의 결과에 대해, 그 피해를 감당할 수 있는지, 스스로 고민해 보게 한다. 솔직하게 대화를 나눌 수 있는 집안의 분위기가 성교육에서 가장 중요한 첫 번째임을 꼭 기억하길 바란다. 성교육과 관련된 책을 사서 책장에 꽂아 놓는 것도 하나의 방법이다.

PART8

최고의 교사들이 알려 주는
6학년 방학 공부법
: 영어, 수학, 독서

6학년을 준비하는
겨울 방학과
6학년 여름 방학
체크 리스트

□ 중학 영어 준비하기
□ 6학년 수학 개념 확실히
  다지고 중학 수학 예습하기
□ 잠재 실력 높이기

"중학교에 올라가기 전 6학년 방학에 무엇을 해야 할까요?"라는 질문을 많이 받는다. 이제는 정말 선택과 집중을 해야 한다. 해야 할 것은 세 가지로 좁혀진다. 독서, 영어, 수학. 중학교를 대비하는 영어와 수학 공부, 6학년 사고력에 알맞은 수준 높은 독서를 하며 공부력을 끌어올리자.

급격히 어려워지는
중학 영어를 준비하라

6학년이 되면 곧 중학생이라는 생각에 부모도 아이도 막연한 불안감을 느낀다. 하지만 무작정 학원 수를 늘리는 것도, 아직은 초등학생이라는 생각으로 체험이나 예체능 위주의 학원에만 보내는 것도 좋은 방법이 아니다. 박민희 선생님은 6학년은 선택과 집중을 해야 하는 시기로, 많은 학원을 보내기보다 아이에게 꼭 필요한 학원만 다니게 해야 한다고 조언한다.

6학년 때는 중학교를 대비해야 한다. 아이의 부족한 부분을 보완할 수 있는 방향으로 학습 계획을 세운 후 영어, 수학, 독서에 집중적으로 투자해야 한다. 그리고 자기 주도 학습 시간을 최대한 많이 만들어야 한다.

중학교에 올라가면 확 달라지는 학습 난이도에 아이들은 당황

한다. 특히 초등 영어와 중학 영어는 수준 차이가 엄청나다. 초등 영어는 많은 학생이 영어로 최소한의 의사소통을 할 수 있도록 만드는 게 목표이기 때문에 수준이 높지 않은 게 사실이다. 초등 교과서만으로는 접하는 영어량이 얼마 되지 않는다. 그런데 중학교에 들어가면 급격하게 영어 단어와 지문이 늘어난다. 중학교 영어 선생님들이 도대체 초등학교에서 뭘 배우고 오는 거냐며 한숨을 쉬는 것도 무리는 아니다.

나는 교사로서 초등 영어의 목표는 영어에 대한 흥미를 일으키고, 학생들의 영어 실력을 평균적으로 향상시키는 것이라는 데 뜻을 같이한다. 그러나 초등학교와 중학교에서 요구하는 영어 실력의 간극이 너무 큰 것은 문제라고 생각한다. 고루해 보일지라도 영어 단어 외우기, 영어책 읽기, 간단한 영어 문법 익히기를 고학년 아이들에게 권하는 것도 이 때문이다. 물론 지나치게 어려운 영어를 가르치는 학원들의 부작용 또한 무시할 수는 없다.

6학년 아이들에게 영어를 가르칠 때는 시중에 나와 있는 중학교 대비 영단어 책을 사서 하루에 몇 개씩 암기시키고 전날에 외운 것은 복습시킨다. 또 쉬운 영어책을 읽으며 긴 영어 지문에 익숙해질 수 있도록 돕고 있다. 회화 중심의 공부에 익숙한 아이들은 영어 문법의 필요성에 대해 인지하지 못한다. 6학년 정도 되면 중학용 문법이나 기초 영문법 정도는 충분히 이해할 수 있다. 그리고 이를 공부하다 보면 그동안 접했던 영어들이 머릿속에 정리

되는 효과가 있다. 이때 평소 책을 많이 읽어 배경지식이 충분한 아이들은 영어책을 읽거나 영어 영상을 보여 주면 이해 속도가 빠르다.

6학년 방학은 아이의 영어 수준을 높이는 기회로 삼아야 한다. 함께 영어 원서를 읽고, 영어 단어를 외우고, 영어 문법을 충분히 공부하여, 중학 영어에 준비할 수 있도록 하자. 가능하면 영어 일기를 써 보거나 여행지에서 영어를 사용해 보도록 하는 것도 좋다. 영어를 배운 지 얼마 안 됐을 때 원어민 학원을 가거나 외국에 어학연수를 가는 것은 영어 실력 향상에 그다지 도움이 되지 않지만, 6학년까지 영어를 충분히 입력했다면 영어를 사용해 보는 경험들이 많은 도움이 된다.

중학 수학 준비보다
복습이 먼저다

4학년에서 5학년으로 넘어갈 때 체감하는 수학의 어려움이 훨씬 크기 때문에 6학년 수학은 잘 받아들인다. 하지만 그동안 연산을 탄탄하게 다지지 못했다면 별거 아닌 실수가 오답으로 이어진다. 더욱이 분수의 나눗셈, 원의 넓이, 직육면체의 넓이와 부피처럼 복잡한 연산이 많이 나온다. 6학년이 되기 전 겨울 방학에 5학년까지 배운 수학을 꼭 점검하고 한 학기 정도 미리 예습한 뒤 6학년에 올라가길 바란다. 6학년 때는 반 학기 정도 수학을 예습하여 중학 수학을 미리 준비하는 것이 좋다.

다음은 6학년 수학에서 아이들이 헷갈려하는 개념들이다. 김미숙 선생님은 6학년 때 처음 배우는 '비와 비율'을 많은 아이가 어려워한다고 말한다. 먼저 살펴보고 익혀 보자.

분수의 나눗셈

나눗셈은 크게 등분제와 포함제, 두 개념이 있다고 앞에서 말했다. 포함제는 '0이 될 때까지 몇 번 빼는가?'의 개념이다. 이 개념만 생각하면 자연수가 아니라 분수의 나눗셈 역시 쉽게 풀 수 있다.

예를 들어 $1 \div \frac{1}{4}$ 을 그림으로 표현하려면 막막하다. $1 \div 4$의 경우에는 한 판의 피자를 네 명이서 나누어 먹는다고 할 때 한 사람당 $\frac{1}{4}$ 조각씩 먹을 수 있으니 $1 \div 4 = \frac{1}{4}$ 이라고 말할 수 있는데, $1 \div \frac{1}{4}$ 은 어떻게 설명해야 할까? 이 경우 1 안에 $\frac{1}{4}$ 이 몇 번 포함되어 있는지를 생각해 보면 된다. 그림으로 나타내면 아래와 같다.

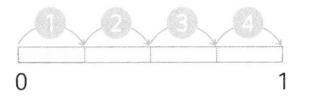

뺄셈식으로 표현하자면 $1 - \frac{1}{4} - \frac{1}{4} - \frac{1}{4} - \frac{1}{4} = 0$ 이고 $\frac{1}{4}$ 을 네 번 뺐으니 $1 \div \frac{1}{4} = 4$ 라고 설명할 수 있다.

$\frac{5}{6} \div \frac{1}{6}$ 도 마찬가지이다. 그림으로 $\frac{5}{6}$ 를 나타낸 다음 $\frac{1}{6}$ 씩 빼 보자.

$$0 \quad \frac{1}{6} \quad \frac{2}{6} \quad \frac{3}{6} \quad \frac{4}{6} \quad \frac{5}{6} \quad 1$$

$\dfrac{5}{6} - \dfrac{1}{6} - \dfrac{1}{6} - \dfrac{1}{6} - \dfrac{1}{6} - \dfrac{1}{6} = 0$이니까 $\dfrac{1}{6}$을 다섯 번 덜어 내면 0이 된다. $\dfrac{5}{6} \div \dfrac{1}{6} = 5 \div 1 = 5$처럼 분모가 같은 경우에는 분모를 없애고 계산해도 같은 결과가 나온다는 것을 알 수 있다.

비와 비율, 비례식과 비례배분

비와 비율, 비례식과 비례배분 모두 이미 배운 분수와 같다. 따라서 새로운 개념이라고 생각할 필요가 없다. 비로 나타낼 때 기준이 되는 양이 뒤로 가고, 기준에 대해 비교하는 양은 앞에 쓴다는 사실을 기억하자. 즉 '비교하는 양 : 기준량'이다. 그런데 아이들은 무조건 큰 수를 뒤에 써서 비로 나타내는 실수를 한다.

예를 들어 "쌀 5컵에 물 6컵을 넣어 밥을 지으려고 한다. 쌀 양에 대한 물 양을 비로 나타내어 보시오."라는 문제가 있다고 하자. 쌀 양에 대한 물 양이므로 기준이 되는 양은 쌀이다. 따라서 6:5로 나타낼 수 있다. 기호(:)의 왼쪽에 있는 6이 비교하는 양이고, 오른쪽에 있는 5가 기준량이다. 기준량은 '~에 대한'의 표현으로 나타낸다는 사실을 기억해야 한다.

6:5는 '5에 대한 6의 비' '6의 5에 대한 비' '6과 5의 비'라고 읽을 수 있다.

비를 분수로 바꾸면 '비교하는 양을 기준량으로 나눈 값'이 되며, 이를 비율(비의 값)이라고 한다. 따라서 150(비교하는 양) : 200(기준량)이라고 하면 비의 값은 $\frac{150}{200} = \frac{75}{100} = 0.75$가 된다. 또 이 경우처럼 기준량이 100이 될 때의 비율을 백분율이라고 한다.

비례식(비의 값이 같은 두 비를 나타낸 등식, 3:4=6:8), 비례배분(전체의 양을 주어진 비로 나누는 것) 모두 분수로 바꿔서 생각할 수 있도록 해야 한다.

6학년 도형

원의 넓이, 직육면체의 겉넓이와 부피를 배울 때 공식만 단순히 암기할 경우 심화, 응용으로 넘어갈 때 무너지게 된다. 공식이 유도된 원리를 이해하고, 직접 도화지에 전개도를 그려 보면서 공부해야 한다. 원의 넓이는 계산 연습을 많이 해야 원주율 3.14를 곱하는 계산에서 실수하지 않을 수 있다.

쌓기나무, 각기둥, 각뿔, 원기둥, 원뿔, 구와 같은 입체도형들역시 직접 만들고 그려 보는 활동을 하면서 공간 감각을 키워야 한다.

◆ 한눈에 보는 6학년 수학 단원과 개념

학기	단원명	6학년 수학 개념
1학기	분수의 나눗셈	(자연수) ÷ (자연수), (분수) ÷ (자연수), (대분수) ÷ (자연수)
	각기둥과 각뿔	각기둥과 각뿔의 밑면, 옆면, 모서리, 꼭짓점, 높이, 전개도
	소수의 나눗셈	(소수) ÷ (자연수), (자연수) ÷ (자연수)
	비와 비율	비, 비교하는 양, 기준량, 비율, 백분율
	여러 가지 그래프	그림그래프, 띠그래프, 원그래프
	직육면체의 부피와 겉넓이	직육면체와 정육면체의 겉넓이, 직육면체와 정육면체의 부피
2학기	분수의 나눗셈	(분수) ÷ (분수), (자연수) ÷ (분수) 분모가 같은 진분수끼리의 나눗셈 분모가 다른 진분수끼리의 나눗셈
	소수의 나눗셈	(소수) ÷ (소수), (자연수) ÷ (소수)
	공간과 입체	쌓기나무 수, 위, 앞, 옆에서 본 모양 여러 가지 모양 만들기
	비례식과 비례배분	전항, 후항, 비례식, 외항, 내항, 비의 성질, 비례식의 성질, 비례배분
	원의 넓이	원주, 원주율, 원의 넓이
	원기둥, 원뿔, 구	원기둥의 밑면, 옆면, 높이, 전개도 원뿔의 밑면, 옆면, 꼭짓점, 모선, 높이 구, 구의 중심, 구의 반지름

긴 문장을 읽는
연습을 하라

고학년 교과서를 보면 생각보다 쉽지 않다는 것을 금방 알 수 있다. 6학년 국어는 내용도 어렵지만 긴 글이 많아 평소 활자와 긴 글을 많이 접하지 않는 아이는 벅차한다. 또 세계, 경제, 정치, 역사 등의 다양한 개념들이 도입된 6학년 사회 역시 풍부한 배경지식 없이는 따라가기 힘들다. 6학년 과학은 중고등학교에서 배우는 물리, 생물, 지구과학 분야의 개념이 총집합한다. 교과 난이도가 확연히 높아지면서 그동안 교과서와 문제집만으로 가능했던 공부가 이제부터는 힘들어진다.

6학년이 되면 수학, 영어를 선행 학습하는 아이들을 여기저기서 쉽게 볼 수 있다. 그러나 책을 읽는 아이들은 보기 드물다. 누누이 강조하지만 독서 능력은 하루아침에 길러지는 것이 아니기에 저학년 때부터 꾸준히 쌓아 왔어야 한다.

시험에서 같은 100점을 받았을지라도 어떤 아이는 200점의 실력으로 100점을 맞은 것이고, 어떤 아이는 100점의 실력으로 100점을 맞은 것일 수 있다. 물론 눈에 보이지 않는 잠재 실력을 측정할 수는 없다. 그러나 아이가 진학하고 학년이 올라갈수록 그 잠재 실력이 겉으로 드러나기 시작한다. 100점의 실력으로 100점을 맞은 아이는 금방 성적이 떨어질 것이고, 200점의 실력으로 100점을 맞은 아이는 지속적으로 성장해 나갈 것이다.

잠재 실력은 글에 대한 독해력과 배경지식이 바탕이 된다. 당연히 수준 높은 독서를 하는 아이들이 잠재 실력도 높다. 6학년 방학은 잠재 실력을 높이기 위한 마지막 기회이다. 다양한 분야의 책을 고루 읽으며 독서 능력을 높여야 한다. 채은영 선생님은 다음과 같이 말한다.

"요즘 아이들은 만화책, 스마트폰, 컴퓨터 게임, SNS상의 간단한 대화에 너무 길들여져 있다 보니 종이책에 대한 거부감이 커요. 글자가 조금만 많으면 안 읽으려고 해요. 중학교에 진학하기 전에 긴 문장을 읽는 연습을 반드시 해야 해요. 10~20장씩 하루 분량을 정해 놓고 읽도록 하는 거죠. 보상을 줘서 성취감이나 희열을 안겨 줘도 좋아요. 하루에 많은 양을 읽는 게 아니라 꾸준히 하는 걸 목표로 해야 해요. 고작 10~20장이라도 열흘 이상 지속하기란 보통 힘든 게 아니에요. 아이가 독서 습관이 아직 잡혀 있지 않다거나 독서 수준이 미흡하다면 매일 30분~1시간은 독서를 해야 해요."

만약 아이가 제법 긴 글도 잘 읽어 낸다면, 다음 분야의 책들로 독서의 수준을 높여 주자.

인문 도서

채은영 선생님은 고학년 아이들에게 인문 도서를 꼭 읽힐 것을 권하고 있다. 인문 도서라고 모두 딱딱하고 재미없는 건 아니다. 다양한 사진과 그림 자료, 일러스트 등을 활용해 재미있게 풀어낸 책들도 많이 출간되고 있다. 이 책들은 아이들도 쉽게 받아들인다. 만약 어떤 책을 읽혀야 할지 고민이 된다면 학교에서 추천하는 도서 목록을 적극 활용해 보자. 미생물 이야기, 종교 이야기, 뇌에 관한 이야기 등 인문 도서는 아이들이 세상을 보는 시야를 넓혀 줄 것이다.

사회 문화책

박민희 선생님은 역사는 독서나 학원에 다니며 준비하는 아이들이 많아 무리 없이 받아들이는 데 반해 사회 문화는 전반적인 상식과 배경지식이라서 어려워하는 학생이 많다고 한다.

6학년 2학기 사회에서는 국가의 일을 맡아 하는 기관, 정부가 하는 일, 우리나라의 민주 정치 등에 대해 배운다. 또 중국, 러시

아, 일본과 같은 이웃 나라들의 지형적 특징, 문화, 갈등 사례를 배우며 우리나라에서 벗어나 세계까지 관점이 확대된다. 전 세계 나라들의 위치와 영역, 문화 그리고 세계 속에서 우리나라의 발전과 미래에 대해 생각해 보는 기회를 가진다.

무슨 책을 읽혀야 할지 막막할 때는 교과 내용을 참조하는 것도 하나의 방법이다. 사회 문화 관련 책을 읽으면 세상 공부도 할 수 있다.

성장 소설

이 시기 아이들은 감정이 하루에도 몇 번씩 오락가락한다. 나 역시 이 무렵 화를 냈다가 울었다 웃었다 감정이 종잡을 수 없었다. 우리 집은 어렸을 때부터 어머니가 도서관에 좋은 책이 있으면 빌려 와 탁자 위에 올려놓으셨다. 한창 감정이 들쑥날쑥하던 시기에 어머니가 골라 주신 책은 『아버지』와 『가시고기』였다. 아무 생각 없이 읽다가 방문을 잠그고 두 시간 동안 엉엉 소리 내어 울었던 기억이 난다. 그리고 그 뒤 찾아온 상쾌함. 뭔가 감정적으로 해소된 느낌이 들었다.

이 시기 아이들에게는 지식을 제공하는 독서도 좋지만, 자신도 알 수 없는 감정을 해결해 주는 독서가 필요하다. 주인공의 성장을 다룬 성장 소설은 사춘기 아이들의 감정을 대변해 주고 해소해 주는 효과가 있다. 아이들은 급격한 신체적·정신적 변화로 대단히 불안정하다. 이때 자신과 비슷한 상황에 처한 책 속 인물과 만난 아이들은 안심하고 위안을 받는다. 이는 현실의 친구에게서는 받을 수 없는 위로이다.

아이가 자신의 정체성을 찾고 당면한 문제를 해결할 수 있도록 아이의 마음을 다독이면서 올바른 방향으로 이끌어 줄 책을 권하자. 고전도 좋고, 청소년 소설도 좋다. 책도 읽어 본 사람이 책에 대한 안목이 생기기 마련이다. 다음은 6학년 아이들에게 권할 만한 책들이다.

	제목	지은이	출판사
1	『헨쇼 선생님께』	비벌리 클리어리	보림
2	『나의 라임오렌지 나무』	J.M. 데 바스콘셀로스	동녘
3	『주머니 속의 고래』	이금이	푸른책들
4	『내가 나인 것』	야마나카 히사시	사계절
5	『숙제 주식회사』	후루타 다루히	우리교육
6	『열네 살의 인턴십』	마리 오드 뮈라이유	바람의아이들
7	『나는 어떤 어른이 될까요?』	한경심	토토북

이와 같은 책을 권해 주다 보면 아이 스스로 자신에게 필요한 책을 찾아 읽을 것이다.

6학년은 본격적으로 중학교 입학을 준비하는 시기인데다 학습량이 압도적으로 늘면서 성적과 학업에 대한 스트레스가 늘어난다. 우리는 이러한 마음을 헤아려야 한다. 겉으로 드러나는 반항적이고 까칠한 행동에만 집중하지 말고 아이 마음속에 가득한 미래에 대한 불안과 자신에 대한 의문을 봐줘야 한다. 이때 부모가 수시로 개입하거나 가르치려고 하면 부작용이 발생한다. 현명한 개입이 필요한데, 책은 직접적으로 가르치는 데서 오는 반감을 줄이고 스스로 깨칠 기회를 주는 좋은 수단이 된다.

아이의 꿈은
부모가 보여 준 세상보다 클 수 없다

6학년은 아이의 인생에서 진로를 선택하는 첫 번째 시기이다. 진학과 진로를 혼용하여 쓰기도 하지만, 사실 진학(상급 학교로 올라감)의 경우 6학년 때 준비해서는 늦는다. 입학 지원의 자격 요건을 준비할 시간이 턱없이 부족하기 때문이다.

이 시기는 사실 진학보다 진로를 더욱 신경 쓰고 고민해야 한다. 아이가 만족스럽게 성인이 된 삶을 누리기 위해서는 진학이 아닌 진로를 잘 결정해야 한다. 그리고 이를 위해서는 내가 무엇을 잘하는지, 내가 좋아하는 것은 무엇인지, 내가 가장 중요하게 생각하는 가치는 무엇인지 등 자신에 대해서 정확히 알아야 한다. 그래야 목표도 세울 수 있는 법이다.

자신을 알아 가는 가장 쉬운 방법은 타인을 통해 들여다보는 것이다. 이때 한 권의 책이 타인의 역할을 대신해 주기도 한다. 자신을 찾게 도와주기도 하고, 소란스러운 마음에 이름을 붙여 주기도 한다. 또 꿈을 꾸게 하기도 한다. 책 속 인물을 보면서 '와, 나랑 비슷해. 어? 그런데 나는 이런 게 더 좋던데.' '아, 나는 이럴 때 이런 선택을 했을 텐데.'처럼 나를 들여다볼 수 있게 한다.

아이들은 대부분 닮고 싶은 사람을 발견했을 때 꿈을 갖게 된다. '어? 저거 멋있어 보이는데? 나도 해 보고 싶은데?'라고 생각하는 순간이 바로 그때이다. 그래서 아이 주변에 있는 어른들이 중요하지만 여기에는 한계가 있다. 이때 좋은 롤 모델을 소개한 책은 훌륭한 대안이 되어 준다.

아이에게는 선택지가 많을수록 좋다. 그중에서 하나를 골라 자신에게 맞게, 상황에 맞게 구체적으로 변형시켜 나갈 것이다. 꿈의 선택지를 늘리는 방법에는 여러 가지가 있다. 좋아하는 작가에게 메일을 쓸 수도 있고, 강연회에 갈 수도 있다. 관심 있는 직업을 가진 사람의 인터뷰를 할 수도 있으며, 내가 살고 싶은 삶에 대해 가족과 함께 이야기해 보는 시간을 가질 수도 있다.

진로에 있어서 무엇보다도 중요한 것은 스스로를 믿는 마음이다. 아무리 좋은 것을 봐도 자존감이 낮은 아이는 욕심내지 않는다. 어차피 내 것이 될 수 없다고 생각하기 때문이다. 부모는 끊임없이 아이의 잠재 능력을 알려 주고 믿어 주며 격려해 주어야 한다. 그래야 아이는 수많은 꿈의 선택지 앞에서 주저 없이 선택하고 그 꿈을 이루기 위해 행동할 수 있다. 이상이나 논리가 아직 완전히 발달하지 않은 아이들의 뇌는 외부로부터의 정보를 고스란히 받아들인다. 나이가 들수록 많은 정보 처리를 거치지만 아이들은 다르다. 아무런 여과 없이 뇌에 입력되고 그 정보가 자연스럽게 출력되어 아이들의 미래를 만들어 간다.

우리의 뇌는 상상과 현실을 구분하거나 큰 꿈과 작은 꿈을 구분하지 않는다. 스스로 한계를 짓는 것만큼 무지한 것은 없다고 했다. 아이의 뇌에 가능성의 스위치를 켜 두는 것이 중요하다. 그렇지 않고 도전하기도 전에 '할 수 없다.' '될 수 없다.'로 결론 지으면 아무리 시간이 흘러도 꿈은 실현되지 않는다.

좋은 책, 영화, 여행, 대화 등으로 좋은 정보를 제공하면 뇌는 그것을 모방하기 위해 아주 깊은 잠재의식에서부터 움직이기 시작한다. 우리의 뇌는 주인이 시키는 대로 움직인다. 생각하는 대로 좋은 뇌가 되기도, 나쁜 뇌가 되기도 한다. 우리가 믿는 대로 우리의 뇌는 반응한다. 아이 역시 마찬가지이다. 부모가 믿는 대로 반응한다.

아이의 꿈은 부모가 보여 준 세상보다 클 수 없다. 부모가 보여 준 세상만큼 아이가 꿈꾼다. 그래서 부모의 격차가 꿈의 격차를 부르고 결국 인생의 격차를 갖고 오게 되는 것이다. 물론 부모의 격차에는 경제적 지원도 포함되지만 더 중요한 건 생각의 차이 아닐까? 6학년 아이에게 꿈의 선택지를 많이 늘려 주도록 하자.

PART9

최고의 교사들이 제안하는 7가지 방학 원칙

무기력한 시간 소비와
창조적 게으름은 다르다

부모들에게 만약 한 달의 휴가가 주어진다면 무엇을 하고 싶은 지 물으면 아마도 '아무 방해도 받지 않고 며칠 푹 쉬고 잠만 자고 싶다.'라는 대답이 가장 먼저 나올 것이다. 방전된 에너지를 충전하고 나서야 무엇인가 하고 싶은 게 생겨난다. 아이들도 그렇다. 평소에도 놀기 위해 태어난 것처럼 잘 노는 아이들이 달콤한 방학이 되면 무엇을 하고 싶을까? 당연히 쉬고 싶고 놀고 싶다.

그러나 부모는 아이가 방학을 무의미하게 보낼까 봐, 혼자서 멍하게 있으니 학원이라도 보내는 게 낫다는 마음으로 학원 뺑뺑이를 돌린다. 학원들은 이때다 싶어서 각종 방학 특강을 내놓고 부모를 유혹한다. 부모들 나름의 고민들을 모르는 바는 아니지만 누구에게나 아무것도 안 하는 여유 있는 시간이 필요하다.

이희경 선생님은 아이에게 여유 있는 시간을 많이 만들어 줄수록 초등 방학을 잘 보낼 수 있다고 말한다. 지나치게 통제하는 빡빡한 일정에 치인 아이들은 부모 눈을 피해 놀 궁리에 빠져든다. 아무리 좋은 교육일지라도 아이의 마음이 딴 데 가 있으면 무용지물이다. 그러니 아이에게 책을 읽든 TV를 보든 보드게임을 하든 실컷 놀 수 있는 시간을 줘야 한다는 것이다.

혼자만의 시간이 있어야 자신이 무엇을 좋아하고 무엇에 관심이 있는지 알 수 있다. 스스로에 대해 생각해 보지 못한 아이는 뒤늦게 사춘기를 맞이한다. 이희경 선생님은 방학 때 다음과 같은 것들이 아이들에게 필요하다고 말한다.

- 책을 읽거나 음악을 들으며 멍때리기
- 감동받은 책 여러 번 읽기
- 가족과 좋아하는 취미 활동을 함께하며 서로 공감하기
- 친구들과 충분히 놀며 즐거움 느끼기
- 게임 활동을 통하여 성취감 느끼기

그리고 이 모든 활동을 곁에서 지켜봐 주는 든든한 지지자가 반드시 있어야 한다고 말한다. 그렇다고 끼어들거나 참견해서는 안 된다. 방향을 안내하고 격려해 주는, 항상 사랑받고 있음을 느끼게 해 주는 정도의 역할이 적당하다.

박민희 선생님 역시 어른들이 아이들로부터 너무 많은 것을, 특히 시간을 너무 많이 빼앗고 있다고 말한다. 아무것도 안 하고 빈둥거릴 때, 너무 심심할 때 비로소 뭔가를 하고 싶다고 생각하게 된다. 하지만 요즘 아이들은 그런 게 없다는 것이다. 그래서 박민희 선생님은 아이들에게 '하루 종일 아무것도 안 하고 빈둥빈둥대 보기, 일주일 동안 자기가 하고 싶은 것만 해 보기'를 방학 숙제로 내고 있다.

"아이들의 놀이 시간을 꼭 보장해 주세요. 부모님들은 자주 '엄마 아빠와 여행 갔다 왔잖아. 놀았잖아. 이제 할 일 해야지.'라고 말하곤 하는데 아이를 데리고 여행 가는 것은 어른의 스케줄에 맞추는 것이지 아이의 놀이 시간은 아니거든요."

제4차 산업 혁명 시대에는 더더욱 창의적인 상상력이 요구된다. 하지만 상상력은 비싼 교구나 학원에서 길러지는 것이 아니라 여유 있게 사색하며 창조적인 게으름을 부릴 때 기를 수 있다.

긴 어린 시절 속 방학은 행복한 추억의 한 조각이다. '시간 채우기'도 필요하지만 그만큼 '시간 비우기'도 필요하다. 아이가 빈둥거릴 수 있도록 며칠은 멍하게 아무것도 안 하고 늦잠이든 컴퓨터 게임이든 하고 싶은 대로 충분히 누릴 수 있는 시간을 주자. 물론 그 며칠이 지나고 나서는 컴퓨터 게임이나 스마트폰의 사용을 엄격히 제한해야 한다. 무기력한 시간 소비와 창조적 게으름은 분명히 다른 것이기 때문이다.

아이와 함께하는 시간을
충분히 가져라

부모와 충분히 시간을 보내야 한다는 것은 너무나도 당연한 말처럼 들린다. 그러나 생각보다 부모와 많은 시간을 함께하고 그 시간을 통해 가정에서 받아야 할 교육을 받고 있는 아이가 많지 않다. 부모의 일이 너무 바빠 함께할 시간조차 없어서일 수도 있지만 아이를 너무 아끼는 나머지 옳고 그름을 가르치지 못하는 경우도 있다.

학교에서 보면 이미 스스로 결정하는 능력을 잃어버린 지 오래된 아이들이 많다. "선생님, 이거 해도 돼요?" "이거 안 하면 어떻게 돼요?" "이거 어디에다 둬요?"라는 질문들이 쉴 새 없이 쏟아진다. 상황이 이러이러하여 이렇게 행동하는 게 맞다고 아이들 스스로 판단하지 못하기 때문에 하나하나 물어보는 것이다.

게다가 이미 어릴 때부터 보상과 벌이라는 강화에 길든 아이들은 "선생님, 이거 하면 뭐 줘요?" "이거 수행 평가예요?" "이거 꼭 해야 해요?" 등의 질문을 쏟아 내며 무언가를 얻기 위해, 혼나지 않기 위해 행동하려 한다. 시키는 일을 하는 데는 능숙하지만, 스스로 판단해서 찾아 행동하는 일에는 어색하고 서투르다.

이는 갑작스럽게 키워지는 능력이 아니다. 부모가 아이와 함께하면서 스스로 판단할 기회를 주고, 올바른 선택을 할 수 있도록 충분히 알려 줘야 한다.

강희준 선생님은 "가정에서의 인성 교육, 가치관 교육! 밑줄 쫙!"이라고 외치며 흥미로운 연구 결과를 들려주었다.

"빈민촌의 아이들을 40년간 추적하며 실험을 했어요. A팀은 공부만 시켰고 B팀은 가치관 교육을 했어요. 40년 후에 어떤 아이들이 잘살고 있었을까요? 결과는 모두의 예측을 깨고 B팀의 생활 수준이 A팀보다 훨씬 높았어요. 가치관 교육의 힘이 대단하지 않나요? 그런데 가치관 교육은 주로 어디에서 이루어질까요? 바로 집이에요. 다른 사람 배려하기, 상대의 이야기에 경청하기 같은 기본적인 가치관 교육은 꼭 가정에서 이루어져야 해요. 사실 기본 가치관 교육조차 안 되어 있는 아이가 너무 많아요. 방학 동안 부모님들이 아이와 함께하며 기본적인 가정 교육이라도 꼭 해 주시길 바라요."

박민희 선생님은 직장에 다니는 엄마나 집에 있는 엄마나 나름의 고충이 있다고 말한다.

"직장에 다니는 엄마들은 방학이면 뭔가를 더 해 주고 싶고, 어딘가 더 보내고 싶어 해요. 전업주부인 엄마들은 엄마들끼리의 커뮤니티 문화에서도 소외되고 싶지 않고, 아이가 뒤처지지 않았으면 하는 마음에 교육 정보를 섭렵해요. 모두 아이에 대해 고민하고 잘 교육하고 싶다는 강박 관념이 있지만, 정작 교육의 신념과 가치관을 확립하고 있는 엄마는 생각보다 많지 않아요. 직장맘이든 전업맘이든 그 어떤 교육보다 우선적으로 아이와 밥만큼은 함께 먹으며 밥상머리 교육을 하세요. 말투, 게임 등 아이의 습관을 바로 잡고 예절 교육을 하는 게 그 무엇보다도 중요해요. 부모와 함께하는 시간은 단순히 아이의 정서 교육에만 좋은 게 아니라, 삶에 정말 필요한 것들을 가르칠 수 있는 기회가 되기에, 방학 때만이라도 함께하는 시간을 늘려 주세요."

지면에 다 담지는 못했지만 인터뷰한 선생님들은 하나같이 방학 때만큼은 아이와 함께하는 시간을 충분히 가질 것을 강조했다. 하지만 함께하는 시간이 늘면 오히려 그만큼 아이에게 잔소리하는 일이 더 많아져 사이가 나빠지는 경우도 있다. 김미숙 선생님은 다음과 같이 조언한다.

"엄마가 뇌 과학을 공부하면 아이에 대해 이해하게 돼요. 전략적으로 접근해야 해요. 저 역시 '나는 부모고 너는 자식이다.'라고 생각하는 경향이 컸어요. 강압적이고 권위적인 면이 강했죠. 하지만 우리 아이의 사춘기를 겪으면서 달라졌어요. 뇌 과학, 대화법, 상담법부터 시작해 민주주의 원리, 민주 시민으로서의 소양까지 닥치는 대로 연수나 강의를 들으면서 공부하기 시작했어요. 그제야 제가 아이의 반항을 유발하는 말투를 써 왔다는 걸 알게 됐어요. 저는 아이에게 구체적이며 정확하게 지시하려고 노력했는데 딸은 그걸 싫어했던 거예요. 이제는 친구처럼 대하니까 딸과 대화가 늘었어요. 부모가 권위적이면 아이가 책임감, 성실, 도덕성이 높아지는 장점이 있지만 자존감을 해칠 정도로 자책이나 반성이 심하고 칭찬에 인색해지는 단점도 있어요."

물론 안다고 좋은 부모가 되는 것은 아니지만 공부하여 알게 되면 좋은 방향으로 바뀌어 갈 가능성이 높아진다.

"원하는 행동에만 집중할 게 아니라 '아이'에 대해 집중하세요. 원하는 행동에만 집중하면 아이를 다그치게 돼요. 잔소리하는 부모는 아이 앞에 서서 뒤따라오는 아이에게 어서 나를 따라오라고, 내가 원하는 행동에 맞추라고 잔소리하는 것이나 다름없어요. 부모가 동등한 시선으로 대하는 아이들이 자존감도 높고 공부도 잘해요. 아이들은 군이 잔소리하지 않아도 스스로 필요성을 느끼면 알아서 바뀌어. 잔소리라고 인식하는 순간 벽을 치게 되죠. 아이의 마음을 얻은 다음에 이야기해 보세요. 스스로 지침을 정해 보게 하세요. 그리고 아이의 뒤에서 노력하는 모습을 지켜보며 인정하고 감탄해 주세요. 다만 정말 수용할 수 없는 점에 관해서는 긍정 훈육법을 사용해 따뜻하게 감정은 들어 주되 안 되는 행동은 단호하게 선을 그어 주세요."

앞서가며 이끌어 주는 부모보다 아이 뒤에서 지켜봐 주는 부모가 아이를 성장시킨다는 사실을 가슴속에 꼭 새기길 바란다.

저절로 책이 좋아지는
아이는 없다

모든 공부의 시작은 책 읽기에서 시작해서 책 읽기로 끝난다고 해도 과언이 아니다. 모든 교과 공부가 글을 읽고 이해하는 데서 시작하기 때문이다. 하지만 한글을 읽을 줄 안다고 해서 독해력이 있다는 뜻은 아니다. 책을 읽으며 독해력을 다져야 한다. 그리고 그런 아이는 모든 교과를 공부할 준비가 되었다고 할 수 있다.

채은영 선생님은 요새 아이들의 독해력을 걱정한다. 만화 위주로 책을 보다 보니 긴 문장을 두려워하고 고학년이 되어도 저학년 아이가 볼 법한 전래 동화로 독후감을 쓰는 아이가 너무 많다는 것이다. 문명과 과학 기술은 발전해 가는데 오히려 그것으로 인해 어휘력은 올라가지 않고 정체되어 있다는 선생님의 이야기에 절로 고개가 끄덕여졌다. 그리고 공론화할 수는 없지만 23년 교직

생활을 하는 동안 상위권의 아이들이 점점 더 소수에 불과해지고 있고, 그 소수의 아이들이 발전된 문명의 혜택을 활용해 활자와 정보를 누리며 어휘력과 독해력까지 쌓아 상위권과 하위권 아이들의 간극이 점점 더 벌어지는 것 같다며, 약화되는 어휘력을 걱정했다.

강희준 선생님 역시 아무리 공부를 잘해서 서울대에 가더라도 책을 많이 읽지 않으면 대학에 가서도 차이가 난다며 어릴 때부터 독서 습관을 만들어 줘야 한다고 말한다.

"『그릿』(앤절라 더크워스, 비즈니스북스)이라는 책이 있어요. 그릿 (Grit)은 끝까지 해내는 힘이에요. 무언가를 끝까지 해냈던 경험이 쌓여 길러지죠. 재미없더라도 끝까지 책을 읽어 보는 경험, 문제집을 한 번 더 풀어 보는 경험들이 그릿을 길러 줘요. 아이가 좋아하는 분야의 책을 골라 끝까지 읽혀 보세요. 이러한 경험들이 아이와 책을 가깝게 해 줄 거예요. 만약 부담스러워한다면 책을 읽고 관련된 영화를 찾아 함께 보세요. 분명 책에 대해 조금씩 재미를 느끼게 될 거예요."

임희순 선생님은 두 아들에게 독서 습관을 만들어 주기 위해 책을 읽고 토론하는 공부방을 다니게 했다고 한다. 그리고 매주 책을 배달해 주는 서비스를 이용했는데, 처음에는 약간의 강제성이 있었지만 시간이 갈수록 책을 읽고 토론하며 정리하기를 스스로 즐겼다고 한다. 그리고 이 경험이 대학에 갈 때까지 큰 도움이 된 것 같다고 한다.

윤선희 선생님은 어릴 때부터 책을 무척 많이 읽었다. 그래서 큰아이에게는 책을 많이 읽어 주고 집에 있는 전집을 세 번씩 읽게 하여 독서 습관을 만들어 주기 위해 노력했다. 반면에 작은아이에게는 신경을 쓰지 못했다. 그래서인지 무리 없이 대학에 들어간 뒤 교사가 된 큰아이와 달리 작은아이는 글을 읽고 해석하는 데 어려움을 겪으면서 중학교 때부터 성적이 떨어지기 시작했다. 윤선희 선생님은 자신의 이러한 경험을 들려주며 독서 습관은 어릴 때부터 의식적으로 만들어 줘야 한다고 강조한다.

지은영 선생님은 책 읽는 습관을 들이려면 노력이 필요하다고 말한다. 자신이 책을 좋아하니 딸도 자연스럽게 좋아할 거라 생각한 게 후회가 된다며 말이다. 박민희 선생님 역시 공부나 책 읽기는 습관, 즉 중독되기 힘들다며 정말 좋아하게 하려면 처음에는 의식적으로 시작해야 한다고 지적한다.

그런데 아이들은 왜 책을 좋아하지 않는 걸까? 왜 관심이 없는 걸까? 그 이유를 생각해 보면 다음의 몇 가지 경우가 대부분이다.

꾸준히 정성을 들이지 않았다

책을 읽어 주겠노라 결심하지만 사는 게 바빠서, 여유가 없어서, 집안일 때문에 금세 흐트러진다. 책을 좋아하는 아이는 저절로 만들어지지 않는다. 정성을 들인 부모가 반드시 곁에 있기 마련이다. 책의 재미를 느껴 본 적이 없는 아이는 책을 좋아하지 않는다. 활자 속 세계를 상상하면서 느끼는 감동, 가슴 전체에 퍼지는 그 쾌감을 느껴 본 적이 없기 때문이다. 학원, 학습지에 쏟을 돈을 줄여 책 읽기에 더 투자해 준다면, 귀찮더라도 조금만 더 관심을 가진다면 아이의 가능성이 무한대로 펼쳐질 수 있다.

우선순위에서 밀린다

학교 숙제하랴, 학원 다니랴 책 읽기의 중요성을 알아도 자꾸만 밀리게 된다. 책은 아무리 읽어도 결과가 바로 드러나지 않는다. 책 읽는 시간에 영어 단어 하나를 더 외우는 편이 실력 향상에 도움이 되는 것 같다. 그러다 보니 자꾸만 미루게 되고, 더 급하고 중요해 보이는 일들을 하는 사이에 아이는 이미 지쳐 버린다. 이는 배고픈데 귀찮다고 밥은 안 먹고 간식만 먹는 행동과 같다. 배는 부르겠지만 제대로 된 영양분을 섭취하지 못하는 것이다.

책보다 재미있는 것이 너무 많다

TV, 스마트폰, 컴퓨터처럼 재미난 것을 쉽게 할 수 있는 세상에서 책 읽기를 기대한다는 건, 다이어트를 하는 사람에게 치킨, 아이스크림, 피자를 앞에 두고 먹지 말라는 것과 비슷하다. 따라서 책에 관심을 가지게 하려면 이것들을 철저하게 막아야 한다. 자극적인 유혹의 바다에 빠지지 않게 하는 것은 어른의 몫이다.

책 읽기의 효과는 바로 나타나는 것이 아니다

책 읽기와 국어 성적이 반드시 비례하는 것은 아니다. 책을 전혀 읽지 않아도, 평소 수업을 잘 듣고 교과서 중심으로 충실히 공부하면 초등 국어는 어느 정도 점수를 받을 수 있다. 또한 책을 많이 읽는 아이일지라도 시험 공부를 따로 하지 않으면 점수가 나오지 않을 수도 있다. 그 실력의 차이가 나오는 것은 고학년 이후부터이다. 책 읽기는 천천히, 하지만 튼튼하게 아이의 공부 그릇을 키워 준다는 걸 잊지 말아야 한다.

"선생님 무슨 책 읽어요?" 교실에서 책을 읽고 있으면 아이들이 다가와서 관심을 보인다. 집에서도 마찬가지이다. 재미있게 책을 읽고 있는 부모를 보면 도대체 뭐가 그렇게 재미있는 걸까, 하면서 책을 펼쳐 본다. 책에 대한 관심을 자연스럽게 유도하는 몇 가지 방법이 있다.

- 눈에 잘 띄는 곳에 아이가 흥미를 보일 법한 책을 놓아 둔다.
- 심심할 시간을 준다. 너무 심심해서 책을 보게 되도록.
- 책이 얼마나 재미있는지 바람을 잡는다. 하지만 강요는 금물이다.
- 온 가족이 다 함께 주기적으로 책을 읽는 시간을 갖는다.
- 도통 흥미가 없어 보인다면 읽어 준다.

아이에게 체험은
살아 있는 지식이다

같은 교과 내용일지라도, 활자로만 받아들인 아이와 교과에 담긴 내용을 직접 체험하고 경험해 본 아이의 차이는 생각보다 크다. 유지용 선생님은 학교에서 교과 내용을 체험하기란 불가능하므로 가정에서 적극적으로 해 줄 것을 당부했다. 그리하여 직접 경험해 봄으로써 스스로 깨달을 수 있는 시간을 가질 수 있기를 바랐다. 그렇다면 방학 때 하면 특별히 좋은 체험이 있을까? 김미숙 선생님은 다음과 같이 말한다.

"아이들은 모든 체험을 살아 있는 지식으로 받아들여요. 예를 들어 뮤지컬이나 연극을 본 아이들은 표현력부터 달라져요. 노래를 부르거나 악기를 연주하거나 그림을 그려도, 표현하거나 그 안에 담는 게 달라지죠. 아이가 좋아하고 흥미 있어 하는 체험이 있다면 그것부터 해 보세요."

지은영 선생님은 평소에는 바빠서 못 하는 것들, 시간이 필요한 것들을 방학 때 해 보라고 말한다.

"도시에 사는 아이들은 농촌 체험을 해 보면 좋아요. 어릴 때 시골에서 보냈던 추억들은 어른이 되어서도 컬러풀하게 기억이 나요. 자연과 함께하는 시간을 많이 만들어 주세요."

박민희 선생님은 체험에 관해 많은 이야기를 들려주었는데, 진정한 체험이 무엇인지 깊이 생각해 보게 한다.

"모든 체험이 아이를 성장시키고, 성장의 토대가 되어 주는 건 아니에요. 아무리 좋다고 하는 캠프일지라도, 아무리 좋은 곳으로 떠난 여행일지라도, 이 경험을 통해 무엇을 배울지 목표를 명확히 하고 준비하지 않으면, 노는 장소만 달라질 뿐 아무것도 남지 않아요. 과학관에 가서 뛰어놀았다고 과학적인 창의력이 길러지는 건 아니잖아요? 동네 놀이터에서 뛰어노는 것과 뭐가 다르겠어요? 불국사, 경복궁에 가 봤다고 해서 과연 신라나 조선의 역사를 이해할까요? 아무 준비 없이 문화 유적지에 가는 것은 이름을 안다, 가 봤다 정도지 신라 시대, 조선 시대의 특징을 알게 되는 건 아니에요. 그저 한 번 가는 정도의 체험이라면 책을 읽는 게 더 나을 수도 있어요. 게다가 저학년은 역사를 이해할 수 있는 발달 단계가 아니에요. 모든 것에는 시기가 있으니 발달 시기에 맞게 여행할 장소도, 체험할 내용도 정해야 해요.

또 여행을 가기 전, 박물관이나 미술관 체험을 하기 전에 관련 책과 영상을 찾아보고 공부한 후에 가세요. 아주 이상적인 이야기지만 여러 집이 함께 간다면 엄마들끼리 품앗이해서 분야를 나누어 배경지식을 준비해 가도 좋아요. 그리고 목표를 작게 잡으세요. 이번에는 신라에 관해서만 보고 오겠다 하는 식으로 말이에요. 그래야 부모와 아이가 함께 주제에 대한 책을 읽고 이야기하는 프로그램을 만들 수 있어요. 그냥 찍고 오는 체험을 한 뒤 무언가 배웠겠지 하고 위안을 삼는다면 들인 노력에 비해 그 효과는 미미해요. 그러니까 체험이나 여행이 세상과 교과 지식을 이해하는 풍부한 밑바탕이 되는 것은 맞지만 '정선된 체험 학습'이어야 그것이 가능하다는 말이에요. 아이의 특성에 맞추어서, 목표를 두고 하는 체험 학습이 아니면 미지의 대상에 내 재화를 가져다 바친 것에 불과해요. 그런데도 거금을 쏟아 가며 방학 프로그램으로 뺑뺑이를 돌릴 필요가 있을까요? 아이는 제대로 놀지도 못하고, 공부도 못 하고, 어영부영 체험이라는 이름으로 방학을 낭비하게 될 뿐이에요."

방학을 활용해 체험 학습을 하고자 한다면, 아이의 발달 시기와 흥미, 다음 학기의 교과 내용에 비추어 목표를 정하고 준비하도록 하자. 내가 담임을 맡았던 한 아이는 방학 때 전주 여행을 가기로 했다. 아이는 방학을 하기 전부터 여행 준비 내용을 일기에 기록했다. 여행의 코스를 세우고, 맛집을 찾고, 여행지와 관련된 역사를 공부하고 책을 찾아서 읽었다. 여행을 준비할수록 기대감은 커져 갔고, 드디어 떠난 여행에서는 하나를 봐도 허투루 보지 않았다. 다녀와서는 입장권과 사진을 함께 정리하며 느낀 점과 배운 점까지 빼곡히 기록했다. 2박 3일이라는 짧은 시간 동안 참 알차게 많이 배우고 왔음을 충분히 느낄 수 있었다.

초등 공부의 핵심을
잡아라

초등 공부의 핵심은 크게 독서, 영어, 수학 딱 세 가지라고 볼 수 있다. 왜 그럴까?

시대가 변하면서 미래 사회의 인재상이 달라지고 있지만 입시 제도에 있어서 영어와 수학의 중요성은 바뀌기 쉽지 않아 보인다. 교실의 수업 방식은 변화와 혁신을 시도하고 있지만, 사회 제도가 변하지 않고 '선발'을 위한 '평가'가 유지되면서 학생들의 실력을 가려낼 도구가 필요하기 때문이다.

그렇기에 자녀를 이미 대학에 보낸 경력 많은 선생님이나 입시 제도를 직접 겪어 본 선생님들은 모두 영어와 수학 공부에 매진하라고 강조한다.

윤선희 선생님은 방학 동안 수학을 가장 집중적으로 가르쳐야 한다고 말한다. 현실적으로 수학은 혼자 공부하기 힘들기 때문에 부모가 봐줘야 하며, 그럴 수 없을 때는 학원이라도 꼭 보내야 한다고 조언한다.

임희순 선생님은 자신의 자녀를 직접 가르쳤던 경험을 언급하며, 영어는 아이의 실력대로, 수학은 현실적으로 한 학기 정도 선행 학습을 해야 한다고 말한다. 그리고 처음부터 아이가 혼자 공부할 수 있는 것은 아니라며 공부에 재미를 붙여야지만 가능한 일이므로 반드시 부모의 도움이 필요하다고 했다.

"영어는 제가 가르치지 못하니 재미있게 영어를 가르치는 어학원을 찾아 보냈어요. 영어 원서를 가지고 외국인과 대화하면서 독해하고 영어 에세이 같은 것을 쓰도록 하는 학원이었죠. 초등학교 때는 문법책 말고 이야기책으로만 공부시켰어요. 독해가 되니 학년이 올라가고 수준이 어려워져도 쉽게 따라가더군요. 영어 듣기를 꾸준히 한 데다 원어민과 대화하다 보니 듣기 평가도 어려워하지 않았지요."

사교육 중에서도 영어만큼 비용의 차이가 큰 과목이 없는 듯하다. 일찍 시작할수록, 어떤 프로그램을 시키느냐에 따라 가격이 천차만별이다. 그래서 부모들은 방학이 되면 영어를 어떻게 가르쳐야 할지 고민한다. 하지만 김미숙 선생님은 아이를 어학원에 보낸 게 오히려 후회된다고 고백했다. 유명한 어학원이었는데 숙제가 너무 많다 보니 아이가 영어에 대해 부정적인 감정을 갖게 되었고 정작 집중해서 공부해야 할 중고등학교 때 하기 싫어했다는 것이다. 그래서 그 무엇보다 아이와 대화하면서 맞춰 가는 게 중요하다고 당부한다.

"부모가 아이의 미래를 미리 걱정해서 앞서 나가다 보면 결국 잘되지 않아요. 아이가 즐거워하면서 학습할 수 있도록 하는 게 중요해요."

방학이 예전보다 짧아져서 생각보다 시간이 많지 않다. 전 학기 수학을 복습하고 다음 학기 수학 내용을 예습하려면 하루에 최소 한 시간 이상은 수학 공부를 해야 한다. 여기에 영어 공부와 책 읽기, 가족 여행, 아이가 평소에 하고 싶었던 일들까지 하려면 부모의 마음이 조급해진다. 그럴 때일수록 대화를 통해 아이의 공부 에너지가 방전되지 않으면서도 성취감을 느낄 수 있는 범위 내에서 해야 할 것과 하지 않을 것을 구분하길 바란다.

선배 부모들이
가장 후회하는 것

"다시 아이를 키운다면 어떻게 키우고 싶으세요?"

"아이가 초등학생으로 돌아간다면 무엇을 해 주고 싶으세요?"

위와 같은 질문을 하면 부모들은 어떤 대답을 할까? 김미숙 선생님은 문예체(문화, 예술, 체육)를 잘하는 아이들이 자존감이 높고 학습 능력도 좋다며, 중학교 때까지 체력을 길러 줄 것을 적극적으로 권한다.

"딸이 어릴 때 태권도나 발레 하나 안 시킨 게 후회가 돼요. 춤에도 관심이 많았는데 하나도 안 가르쳤어요. 건강한 몸에 건강한 마음이 깃드는 법인데, 체력도 쌓고 취미 생활로 즐길 수 있는 운동 하나 못 가르친 게 너무 아쉬워요. 중고등학교에 가면 시간이 없어서 아무것도 하지 못하거든요. 초등 시절의 문예체 경험은 자신만의 재산이 되니, 저처럼 후회하지 말고 꼭 하나쯤은 가르치세요."

윤선희 선생님 역시 딸이 바이올린과 태권도를 배우고 싶어 했는데, 다른 배울 게 많다고 생각해서 말렸던 게 너무나 후회된다고 한다.

박민희 선생님은 "악기나 미술을 배우고 있다면 이를 활용해 가족들이나 친구들 앞에서 미술관 큐레이터가 되어 보거나 악기 버스킹을 기획해 다른 사람들 앞에서 연주해 보거나 오케스트라 봉사 활동을 하는 등의 목표를 세워 보게 하세요."라면서 단지 배우는 데서 그치지 말고 자신이 배운 것을 활용해 보는 기회를 많이 만들라고 조언해 주었다.

예체능을 가르친다고 해도, 부모의 고민은 여기서 끝나지 않는다. 강연을 다니다 보면 늘 다음의 질문을 받는다.

"음악의 기본은 알아야 한다고 생각해서 피아노 학원을 1년 정도 보냈어요. 그런데 아들이라 그런지 다니기 싫다고 해요. 조금만 더 배우면 재미도 붙이고 잘 칠 수 있을 것 같은데 말이죠. 지금까지 보낸 것이 너무 아깝기도 하고요. 피아노 하나쯤은 취미로 즐길 수 있게 만들어 주고 싶은데, 억지로라도 보내야 할지 그만두게 해야 할지 고민이에요."

"저희 딸아이가 발레를 배우고 싶다고 해서 보냈어요. 두 달 정도 하더니 다니기 싫다고 하더라고요. 태권도를 배우고 싶다고 하기에 아이의 의견을 존중하는 차원에서 태권도 학원에 보냈어요. 그런데 또 몇 달 하더니 못 하겠대요. 이러다가 하다가 그만두는 게 습관이 될까 봐 억지로라도 다니게 해야 할 것 같은데, 부작용이 걱정돼요. 어떻게 하면 좋을까요?"

엄마의 욕심과 아이의 욕구가 부딪힐 때 어떻게 해야 하는지, 아이의 변덕을 어디까지 받아 줘야 하는지에 대한 고민이다. 나는 이런 질문을 받을 때마다, 내가 대답하기보다 강연을 들으러 오신 부모님들에게 답을 돌린다. "여기 계신 부모님들은 어떻게 생각하시나요? 경험을 들려주실 분 계신가요?" 하고 물으면, 강연까지 들으러 오실 정도로 열정적인 부모님들인 만큼 적극 지혜를 나눠 주신다. 그분들의 이야기에 현직 교사로서의 견해를 곁들이면 최고의 답이 된다.

"저는 그래서 학원을 보낼 때 쉽게 보내지 않아요. 아이가 학원에 다니고 싶어 하면 먼저 그 학원에 같이 가서 어떤 분위기인지, 무엇을 배우는지 이런 것들을 살펴봐요. 그리고 좀 더 생각해 보라고 해요. 바이올린을 예로 들면, 바이올린은 최소 1년 이상은 배워야 자신한테 맞는지 맞지 않는지 알 수 있으니 힘들거나 지루하다는 이유로 1년 동안은 절대 그만둘 수 없다고 못을 박아요. 그러면 정말 배우고 싶을 때는 알겠다고 굳건한 의지를 내보이더라고요. 그리고 진짜 시작하고 나서도 열심히 해요."

"저는 아이가 배우고 싶어 하는 것이 있으면 아이를 데리고 놀러 가듯이 그 학원에 가 봐요. 그리고 학원에 다니라는 말은 하지 않고 보여 주기만 해요. 그러면 진짜 관심이 있는 경우에는 배우고 싶다고 말을 하더라고요."

정말 현명한 부모님들이다. 쉽게 얻으면 쉽게 질리기 마련이다. 피아노, 태권도, 발레 등 이런 것들을 배울 수 있다는 것만으로도 참으로 감사한 일이다. 하지만 부모의 강요로 다니기 시작하면 그게 감사한 일인지 모른다. 예체능을 가르치고자 한다면 위와 같은 팁을 활용해 보는 건 어떨까?

또 아이에게 예체능을 가르칠 때는 무엇보다 아이에 대해 알아야 한다. 재능은 선천적일까? 후천적일까? 뇌의 비밀은 시냅스에 숨겨져 있다. 시냅스란 뇌세포를 연결하는 가느다란 줄이라고 생각하면 쉽다. 그렇다면 시냅스는 어떻게 만들어질까?

아이가 태어나고 첫 3년 동안 천억 개의 뇌세포가 각각 1만 5,000개의 시냅스 연결을 만든다. 엄청나게 많은 시냅스가 연결되는 것이다. 이때가 평생 가장 많은 시냅스를 갖고 있는 때이다. 세 살부터 열다섯 살까지 인체는 3년 동안 정성 들여 만들어 낸 시냅스를 끊어 내면서 두뇌 가지치기를 시작한다. 어째서 뇌는 회로를 형성하기 위해 엄청난 에너지를 쏟아부어 놓고 대부분을 없애는 것일까?

시냅스가 많다고 똑똑해지는 것이 아니기 때문이다. 오히려 잘하는 부분에 집중하지 못하게 된다. 만일 모든 시냅스를 다 갖고 있다면 여기저기서 나오는 신호들에 압도되어 우리는 살아갈 수 없을 것이다. 그래서 약한 부분은 끊어 없애고 가장 강력하게 연결된 시냅스만 남기는 것이다.

그렇다면 애초에 왜 그렇게 필요 이상으로 많이 만들어 내는 것일까? 처음부터 유전적으로 강한 시냅스만 만들어 내면 되지 않을까? 그 까닭은 최대한 많은 정보를 흡수하기 위해서이다. 그리고 어느 정도 성장하고 나면 자신의 유전과 환경, 경험을 바탕으로 자신에게 가장 유리하고 사용하기 쉬운 시냅스만을 골라 남겨 놓고, 효율성이 떨어지는 시냅스는 없애는 것이다. 이 일련의 과정이 10년에 걸쳐 일어난다.

이로 인해 사람마다 연결되어 있는 시냅스가 다르다. 따라서 똑같은 사건일지라도 이해하고 느끼는 게 다르며 행동도 다르다. 이 개개인의 시냅스 차이가 재능을 만들어 낸다. 피아노에 관련된 시냅스가 있으면 조금만 배워도 잘 친다. 시냅스가 없는데 억지로 시켜 봤자 없는 시냅스가 만들어지기는 쉽지 않다. 그저 기본적인 이론을 익히고 경험해 보는 정도로 만족해야 한다. 재능이 없으면 아무리 배워도 발달하기 힘들다. 따라서 억지로 시키지 말고, 내 아이에게 맞는 것인지 세심하게 관찰해 이를 바탕으로 예체능을 교육시켜야 한다.

스마트폰과 TV를
엄격히 관리하라

유지용 선생님은 방학을 한자로 풀이하면 놓을 방(放)에 배울 학(學), 즉 학업을 내려놓고 쉬는 기간이라고 설명하면서도 무작정 학업을 놓는 시기가 아니라고 강조한다. 채은영 선생님은 아이들은 방학 때 학원을 많이 다녀서 힘들어하기도 하지만, 학원을 가는 시간을 제외하고는 대부분 컴퓨터 게임을 하거나 놀면서 시간을 보내 버리곤 한다며 모순적이게도 무의미하게 방학을 보낸다고 지적한다. 선생님들은 하나같이 방학 때 보내는 무의미한 시간을 경계해야 한다며 스마트폰과 TV, 컴퓨터와 같은 디지털 기기 사용을 엄격히 관리해야 한다고 신신당부한다.

학기 중에도 스마트폰으로 게임을 하는 아이들을 쉽게 볼 수 있다. 수업 시간에 스마트폰을 꺼내는 당돌한 아이는 거의 없지만 수업이 끝나기가 무섭게 스마트폰 전원을 켜고 교실 구석에 삼삼오오 모여서 게임을 한다.

채은영 선생님은 아이들에게 스마트폰을 쥐어 주는 것은 부모인데, 나중에는 아이 탓만 하면서 스마트폰을 뺏는다고 지적한다. 그러다 보니 결국 부모와 아이 사이만 나빠진다며, 아이가 절제력을 발휘하여 사용할 수 있도록 가르치는 것이 부모의 역할이라고 강조한다. 부모는 하루 종일 스마트폰을 붙잡고 있으면서 아이에게는 스마트폰을 하지 말라고 하면 아이가 과연 조절할 수 있을까?

스마트폰이나 TV에 빠진 아이들의 대부분은 부모가 바쁘거나 정서적인 애착 관계가 잘 만들어지지 않은 아이들이다. 혹은 현실에서 느끼는 성취감이 부족해 게임을 통해서라도 인정받고자 하는 심리가 큰 아이들이다. 더욱이 놀거리가 부족한 요즘 아이들에게 스마트폰은 시간을 때우는 가장 쉽고 수동적인 방법이다. 손쉽게 몰입감과 쾌락을 느낄 수 있기 때문에 스마트폰은 '심심함'에 대한 가장 달콤하고 간단한 처방인 것이다.

부모와의 건강한 애착 관계, 정서적 안정은 디지털 기기의 중독을 막을 수 있다. 바쁘고 힘들더라도 아이와 장보기, 배드민턴 치기, 등산하기, 도서관 가서 책 보기, 함께 요리 만들어 먹기 등의 활동을 통해 가족의 애정을 확인시켜 주자. 그러면 아이는 심심할 틈도 없고 무엇인가에 중독될 필요도 없다. 부모와 함께 책을 읽고, 공부를 통해 성취감을 느낀 아이는 혼자 있어도 자기 할 일을 해내며 공부도 한다.

스마트폰을 언제 사 주는 게 적절하냐는 질문을 많이 받는다. 초등학교 4학년쯤 되면 한 반에 두세 명을 빼고는(물론 지역, 상황에 따라 조금씩 다르겠지만) 모두 스마트폰을 갖고 있다. 많은 부모가 혹시나 우리 아이만 스마트폰이 없어서 소외되지는 않을까 걱정하며 너도나도 스마트폰을 사 준 탓이다.

스마트폰을 접하는 나이는 최대한 늦을수록 좋다. 아이가 요구하지 않는데 부모가 나서서 사 줄 필요는 없다. 반에서 스마트폰이 없는 아이들도 사실은 스마트폰을 갖고 싶어 한다. 하지만 부모와 아이가 스마트폰에 대해 충분히 대화하여 합의를 이끌 수 있다면 아이도 불만 없이 받아들인다. 하지만 무조건 막기만 하는 것도 오히려 반항심만 커지게 만들 수 있으므로 아이가 도저히 받아들이지 못한다면 '스마트폰은 몇 시 이후에는 하지 않는다, 집에서 공부할 때는 스마트폰을 보관함에 넣는다, 할 일을 다섯 번 못했을 때는 하루 동안 스마트폰 사용을 금지한다.'와 같이 약속한 후에 사는 것이 좋다. 약속을 통해 스스로 조절하는 능력을 길러 주는 것이다.

TV나 컴퓨터 역시 마찬가지이다. 우선 TV를 보는 집안 분위기부터 바꿔야 한다. 그리고 컴퓨터 게임을 하느라 자기 할 일을 못하는 아이와의 싸움을 현명하게 끝낼 방법을 고안해 내야 한다.

숙제를 다 했을 때에만 게임을 할 수 있다는 규칙을 정한다. 무조건 하지 못하게 하는 것과는 다르다. 규칙을 안 지켰을 때 어떤 벌칙을 받을 건지도 대화를 통해 미리 정해 놓는다. 스마트폰을 빼앗아 놓는다거나 컴퓨터 전원의 선을 뽑아 놓는 등 일관된 규칙을 세운다. 대화를 통해 규칙을 함께 정하되, 그 이후에는 단호한 태도로 철저하게 규칙을 준수해야 한다. 디지털 기기만 관리되어도 아이의 방학은 훨씬 알차진다.

이서윤의 초등 방학공부 처방전

초판 1쇄 발행 2021년 7월 5일
초판 2쇄 발행 2021년 7월 22일

지은이 이서윤
펴낸이 김종길 **펴낸 곳** 글담출판사 **브랜드** 글담출판

기획편집 이은지 · 이경숙 · 김보라 · 김윤아 · 안수영 **영업** 박용철 · 김상윤
디자인 엄재선 · 박윤희 **마케팅** 정미진 · 김민지 **관리** 박지웅

출판등록 1998년 12월 30일 제2013-000314호
주소 (04029) 서울시 마포구 월드컵로8길 41 (서교동 483-9)
전화 (02) 998-7030 **팩스** (02) 998-7924
블로그 blog.naver.com/geuldam4u **이메일** geuldam4u@naver.com

ISBN 979-11-91309-10-2 (03370)

일러두기
이 책은 『초등 방학 공부법』 개정판으로 달라진 교육 변화에 맞춰 내용을 수정하였습니다.

만든 사람들 ─────────
디자인 엄재선 **교정교열** 탁산화

글담출판에서는 참신한 발상, 따뜻한 시선을 가진 원고를 기다리고 있습니다.
원고는 글담출판 블로그와 이메일을 이용해 보내주세요. 여러분의 소중한 경험
과 지식을 나누세요.